Dieses Buch wurde umweltfreundlich gedruckt bei Oktoberdruck in Berlin:

- auf Recyclingpapier zertifiziert mit dem Blauen Engel
- mit mineralölfreien Druckfarben ohne Isopropanol
- ohne Folie kaschiertes Cover
- uneingeschweißt

Umfassende Nachhaltigkeit in Bezug auf natürliche Ressourcen und soziales Miteinander ist Verlagskonzept: Strom und Gas für das Büro beziehen wir über Greenpeace Energy, wir reparieren, statt neu zu kaufen, unser Bürobedarf ist ökologisch, und wir versuchen alle Arbeitsprozesse möglichst fair zu gestalten. Wir setzen uns ein für eine wertschätzendes und ressourcenschonendes Sein in Welt.

SANNIK BEN DEHLER

# SCHAM UMARMEN

## WIE MIT PRIVILEGIEN UND DISKRIMINIERUNGEN UMGEHEN?

w_orten & meer

Sannik Ben Dehler
Scham umarmen.
Wie mit Privilegien und Diskriminierungen umgehen?
2. Auflage, Hiddensee: w_orten & meer, 2020
ISBN 978-3-945644-15-7

Gestaltung/Satz: bureau zanko
Druck: Oktoberdruck GmbH, Berlin
Papier: RecyStar Polar Recyclingpapier,
FSC-zertifiziert mit Blauem Engel
Printed in Germany


RECYCLED
Papier aus
Recyclingmaterial
FSC® C105965

w_orten & meer GmbH
Verlag für verbindendes diskriminierungskritisches Handeln
Süderende 86, 18565 Insel Hiddensee
Email: kontakt@wortenundmeer.net
www.wortenundmeer.net

Bibliografische Information der Deutschen Nationalbibliothek
Die Deutsche Nationalbibliothek verzeichnet dieses Publikation in der Deutschen Nationalbibliografie; detaillierte bibliografische Daten sind im Internet über https://www.dnb.de abrufbar.

Für meine Eltern, die immer hinter mir stehen.
Danke für die Wurzeln und Flügel!

# Guten Tag

*Ich steige, kurz bevor die Türen sich schließen, in den Zug ein. Puh! Geschafft! Endlich sitzen und entspannen. Mein Hund Muffin und ich waren für eine Woche bei Freund*innen zu Besuch und dort viel wandern. Es war sehr schön. Jetzt freue ich mich auf eine entspannte Fahrt und darauf, nach Berlin zurückzukommen. Der Zug setzt sich in Bewegung. Ich mache es mir gemütlich, hole meinen Roman aus dem Rucksack und vertiefe mich in die spannende Geschichte. Plötzlich stehen zwei Personen in grüner Uniform neben mir: »Personenkontrolle! Ausweis und Zugticket, bitte!« Dahin ist die Entspannung. Mein Herz rast. Für einen kurzen Moment vergesse ich, dass seit kurzem mein selbstgewählter Name im Pass steht. Ich habe Angst vor diskriminierenden Kommentaren, weil mich* *die Polizist*innen männlich wahrnehmen, auf meinem Personalausweis jedoch ein Name steht, den sie weiblich einlesen. Als ich realisiere, dass ich aufgrund der rechtlichen Vornamensänderung diesbezüglich nichts zu befürchten habe, werde ich wütend. Warum nehmen die beiden sich das Recht heraus, mich willkürlich zu überprüfen? Und warum haben sie das Recht dazu? Aufgrund meiner (*weißen*) Privilegien geschieht es mir selten, dass ich aus der Masse herausgegriffen und kontrolliert werde. Wie mag es wohl Schwarzen Menschen und People of Color gehen, die aufgrund von Rassismus ständig aufgefordert werden sich auszuweisen?*

»[Schwarz ist] die politisch korrekte und vor allem selbst gewählte Bezeichnung für Schwarze Menschen. […] People of Color (kurz: PoC) [ist] eine selbstbestimmte Bezeichnung von und für Menschen, die nicht *weiß* sind.« (Sow 2009: 20) Ich danke Pepetual Mforbe Chiangong für den Hinweis, People of Color zu schreiben, und dies nicht abzukürzen.
Ich schließe mich mit der Großschreibung von Schwarz und der Kursivsetzung von *weiß* den Herausgeber*innen des Buches »Mythen, Masken und Subjekte« an. Die Kursivsetzung von *weiß* markiert den Konstruktcharakter der Kategorie. *Weiß* wird damit abgegrenzt von der Kategorie Schwarz, die auf das Widerstandspotenzial ver-

weist, das Schwarze und People of Color der Kategorie und empowernden Selbstbezeichnung eingeschrieben haben. (vgl. Eggers et al. 2009: 13) Mehr zur kritischen Weißseins-Forschung in Deutschland kann nachgelesen werden in dem Buch *Mythen, Masken und Subjekte*, herausgegeben von Maureen Maisha Eggers, Grada Kilomba, Peggy Piesche und Susan Arndt.

*Mir werden von den Beamt*innen irgendwelche Fragen gestellt, die ich offensichtlich genervt und knapp beantworte. Eine*r der Beamt*innen spricht mich auf mein Verhalten an: »Sind Sie immer so genervt oder jetzt nur von uns?« »Ich bin genervt von IHRER Kontrolle«, erwidere ich. Einige der Mitfahrenden um mich herum kichern. Sie haben das Geschehen wohl die ganze Zeit beobachtet. Während ein*e Polizist*in per Funk meine Daten überprüft, spricht mich der Genervtheitsbenenner auf meinen Hund Muffin an. Sie übersteht die Prozedur mit Gelassenheit und schläft zu meinen Füßen: »Sie führen ja hoffentlich den Impfpass des Hundes mit!« Ich verneine dies. Und schon fühle ich mich ertappt und bekomme Zweifel, ob ich nicht doch etwas zu vorlaut war. Fast erlösend kommt die Person zurück, deren Überprüfung per Funk wohl nichts beunruhigendes ergeben hat und unterbricht: »Alles ok! Gute Reise noch!« Ich wünsche Ihnen noch viel Spaß mit ihrem*

*Job. Die Menschen in den Uniformen ziehen weiter, obwohl mein Kopf rot wie ein Stoppschild leuchtet. Mir ist heiß, mein Herz rast noch schneller, Blut schießt mir in den Kopf. Ich spüre Überreste von Blicken der Mitfahrenden an meiner Kleidung heften. »Was denken jetzt die anderen Reisenden über mich? Warum habe ich nicht noch dieses oder jenes gesagt?« Ich will weglaufen und gleichzeitig vor Scham im Erdboden versinken.*

So fühlt sich also Scham an? Und dieses unangenehme Gefühl will ich umarmen? Ich schreibe sogar ernsthaft ein Buch darüber? Wie wäre es mit einem Buch zu *Wie sich von Scham befreien oder Schamlos in 7 Wochen?* Wäre es angenehmer zu lernen cool und taff zu sein in und nach solchen Situationen? Warum also eines mit dem Titel *Scham umarmen*?

Meine Abschlussarbeit im Gender Studies-Studium habe ich dazu geschrieben, wie mensch sich, beziehungsweise ich mich in Situationen, in denen diskriminiert wird, weniger ohnmächtig fühlen kann. Scham hat sich als zentrales Element dabei herausgestellt. Es wurde deutlich, dass zu der gewaltvollen, diskriminierenden Situation, die im »Außen« stattfindet, ein Gefühl im »Inneren« hinzukommt, welches die Gesamtsituation noch schrecklicher macht. SCHAM. Diese Erkenntnis hat mich motiviert, mich diesem Gefühl zuzuwenden und zu überlegen: wie mit ihm umgehen? Schnell wurde klar, dass Scham abzuwerten oder zu verdrängen nichts bringt. Wenn ich Scham »wegschiebe«, sind dahinter liegende Verlust- und Ausschlussängste immer noch vorhanden. Brené Brown, die viel zu Scham geschrieben hat, bringt meine Gedanken auf den Punkt: »Die schlechte Nachricht ist, dass es keine Möglichkeiten gibt, Scham endgültig loszuwerden. So lange Beziehungen und Verbindungen zu anderen Menschen brüchig und endlich sind, werden wir Angst davor haben, Verbindungen und Beziehungen zu verlieren. Wir werden uns also auch für Teile in uns schämen, von denen wir gelernt haben, dass sie verwerflich sind. Die gute Nachricht ist, dass wir Strategien lernen können, mit Scham umzugehen.«[1]

Mein Anspruch ist es, ein Buch zu schreiben, das für viele Menschen zugänglich ist. Daher übersetzte ich englische Zitate, wie das von Brené Brown, auf Deutsch. Das Originalzitat steht jeweils in der dazugehörigen Fußnote. Aus diesem Grund erkläre ich weiterhin manche Begriffe, die vielleicht nicht alle Menschen kennen, in Kästen, wie beispielsweise Schwarz und PoC.

1 »The bad news is that there's no way to permanently rid ourselves of shame. As long as connection is critical, the threat of disconnection that leads to shame will also be a part of our lives. The good news, however, is that we are all capable of developing shame resilience.« (Brown 2007: 59)

Zurück zum Inhalt des Zitates: Es gibt keine Möglichkeit Scham loszuwerden. Jedoch ist es möglich, Strategien zu entwickeln, um mit ihr umzugehen. Ich habe ein Sieben-Tage-Programm entwickelt, um genau das zu tun. Wie kann ich mit Scham umgehen, und besonders dann, wenn Machtverhältnisse eine Rolle spielen?

Machtverhältnissen führen dazu, dass bestimmte Personengruppen Privilegien gegenüber anderen Personengruppen haben, die Diskriminierungen erleben. Privilegien sichern also, dass ein Mensch besser behandelt wird. Menschen, die beispielsweise dünn, erwachsen, cis-geschlechtlich-, *weiß*-, heterosexuell-, reich und_oder nicht behindert wahrgenommen werden, profitieren von Macht- und Herrschaftsverhältnissen. Menschen, die als dick, als Kind/jugendlich, trans*, Schwarz, homosexuell, arm und_oder behindert wahrgenommen werden, werden benachteiligt.

Wie habe ich das Buch aufgebaut? Nach den einleitenden Worten folgen Inhalte zur Einstimmung: Ich erkläre dir, was es mit meinem Gänseteam auf sich hat, wie ich Scham, Privilegien und Diskriminierungen verstehe. Darauf folgen die verschiedenen Umgangsstrategien: Hinter Scham verstecken sich Verlust- und Ausschlussängste.

Sie geht oft mit der Befürchtung einher, nicht (mehr) gemocht zu werden. Das zu erkennen und anzunehmen ist für mich Grundlage aller anderen Strategien (Tag 1). Schamgefühle stehen darüber hinaus in Wechselbeziehung zu Selbstabwertung (Tag 2). Außerdem weist mich Scham darauf hin, wenn Handlungen gängigen Normen widersprechen. Ich kann Schamgefühle zum Anlass nehmen, um Überlegungen zu meinen eigenen Werten anzustellen (Tag 3). Was ist mir in der jeweiligen Situation wichtig? Welche Ansprüche habe ich verinnerlicht und mag mich aber eigentlich von ihnen distanzieren? Habe ich gerade die Kraft, nach meinen eigenen Werten zu handeln, auch wenn sie nicht den gängigen Normen entsprechen? Wenn Scham mit der Angst nicht gemocht zu werden einhergeht, frage ich mich, wie ich mich dafür entscheiden kann, mutiger zu sein, das Risiko einzugehen zu »scheitern« und_oder verwundet zu werden (Tag 4). Die letzte Fragestellung führt automatisch dazu, sich weniger nach »außen« zu orientieren, sondern mehr auf eigene Bedürfnisse (Tag 5). Wie kann ich diese wahrnehmen und kommunizieren? Und dann kann es ebenfalls hilfreich sein durchzuatmen, abzuschalten (Tag 6) und einen eigenen Fokus im Umgang mit Scham zu setzen, um Verhalten im Alltag konkret zu verändern (Tag 7). Scham umarmen endet mit abschließenden Worten, die benennen, ohne welche Menschen das Buch niemals existieren würde.

Schön und gut – dieses Wochenprogramm ist für mich ja vielleicht relativ hilfreich. Aber warum als Buch veröffentlichen, damit andere Menschen meine Strategien lesen? Und gibt es bei der aktuellen politischen Lage – Erfolge rechter und populistischer Bewegungen – nichts Wichtigeres, als sich mit eigenen Gefühlen zu beschäftigen? Es mag sein, dass das so ist. Prioritäten im Leben setzt jede Person für sich selbst. Gleichzeitig erachte ich Gefühle und den Umgang damit als politisch. Ich habe mich dafür entschieden, Gedanken zu Scham öffentlich zu machen, da dieses Gefühl und damit in Verbindung stehendes, wie Verlustangst oder Selbstabwertung unglaublich tabuisiert wird. Zu oft wird weggesehen, wenn Diskriminierungen passieren, auch von mir. In den Räumen, in denen ich mich bewege, wird nicht über Scham gesprochen und schon gar nicht darüber, wie sie mit Diskriminierungen und Privilegien zusammenhängt. Das wiederum führt zur Isolation im Umgang damit. Ein Austausch über Umgangsstrategien wird verhindert und erschwert privilegienbewusstes und diskriminierungskritisches Handeln. Mein Vorhaben ist es, das Tabu zu brechen – durch das Teilen von Alltagssituationen und was in mir dabei vorgeht. Die geschilderten Situationen sind etwas verändert und aus Gründen der Anonymität lediglich an die Realität angelehnt. Ich möchte (auch mich) dazu motivieren, über Dinge zu sprechen, über die mensch sich im Kontext von Diskriminierungen und Privilegien schämt. Hoffentlich wird so das Schämen über eigene Scham ein weniger geringer. Ich stelle im Buch viele Fragen, da ich auf das meiste keine allgemeingültige Antwort habe. Liebe lesende Person, ich bin sehr gespannt darauf, deine Antworten und Fragen zu hören.

Ich habe mich über die verschiedenen Kapitel mit Francis, Lann, Lian und Marie ausgetauscht. An manchen Stellen benenne ich deren Anmerkungen, Antworten oder Fragen. Ich freue mich darauf, auch mit dir in Austausch zu kommen bei Workshops, Diskussionen oder Lesungen. Mir geht es mit dem Buch darum, ins Gespräch zu kommen und Diskussionen anzuregen über Scham, über andere Gefühle, über den eigenen Umgang mit Privilegien und Diskriminierungen und wie mensch sich selbst dabei und gegenseitig liebevoll und wertschätzend unterstützen kann. Zu diesem Ziel möchte ich Kübra Gümüşay zitieren:

»Das vergangene Jahr war ein sehr schwieriges für mich (wie auch für viele andere).
Ich habe zugesehen, wie der Hass wuchs, hasserfüllte Menschen öffentlich Themen dominierten, an Macht gewinnen, und ich befürchte, dass es noch mehr wird.
Ich bin müde geworden, müde auf hasserfüllte Menschen zu reagieren.
Ich bin krank geworden, krank davon zuzusehen, wie hasserfüllte Menschen unser Leben diktieren.

Daher entschied ich mich dazu, so zu reagieren, wie ich es für richtig empfinde.
Mein Leben so zu leben, wie ich es für richtig empfinde.
Auch wenn es für manche sehr pathetisch klingen mag:
Ich habe mich dafür entschieden, für die Liebe zu arbeiten.«[2]

Bevor du weiterliest, lade ich dich dazu ein, dir ein Heft, Buch, Dokument im Computer oder Kopf anzulegen. Mach das doch bitte wirklich. In jedem Kapitel gibt es eine Reihe von Reflexionsfragen zum Weiterdenken. Schreib doch gerne deine Antworten dazu auf – für dich oder unseren Austausch. Denk darüber in der Badewanne nach oder tausche dich darüber mit deinen Freund*innen aus und brich mit mir das Tabu, dass – wie ich finde – so wenig über Scham gesprochen wird. Na dann kann es ja jetzt losgehen. Ich freue mich auf unseren gemeinsamen Flug. Flug? Warum denn gemeinsamer Flug? Das erkläre ich dir sofort.

2 »[T]his past year has been a difficult one for me (as it was for many others). I saw hate grow, hateful people occupy our public agenda, rise into power and I fear that more is to come. I grew tired, tired of responding to hateful people. I got sick, sick of watching hate dictate our lives. So I chose to react on my terms. Live my life on my terms. As pathetic as it may sound to some: I have chosen to organise LOVE.« (Gümüşay 2017)

# Einstimmung

## Darf ich vorstellen? - Mein inneres Gänseteam!

Bevor ich inhaltlich einsteige und darauf eingehe, was Scham, Diskriminierung, Privilegien und ein kritischer, beziehungsweise sensibler Umgang mit letzteren für mich bedeuten, mache ich dich mit meinem inneren Gänseteam bekannt, das uns durch das Buch begleitet: Ich arbeite mit konkreten Situationen. Ich erzähle sie nach, lerne daraus und stelle Fragen. Während des Schreibprozesses wurde mir bewusst, dass alle Situationen eines gemeinsam haben: es gibt unzählige Möglichkeiten eine Situation wahrzunehmen, sie zu bewerten, oder sich zu ihr und in ihr zu verhalten. Zusätzlich existiert zu ihr eine Vielfalt an Gedanken und Stimmen gleichzeitig in mir. Wenn diese untereinander in Dialog treten, herrscht ein trubeliges Geschnatter in meinem

Kopf oder Herz. Ich erinnere mich daran, was ich im Studium der Sozialen Arbeit von Friedemann Schulz von Thun über das »innere Team« gelernt habe. (vgl. 2018: 19ff) Seine Ideen erscheinen mir wundervoll geeignet, das Geschnatter zu ordnen: Friedemann Schulz von Thun vertritt die Annahme, dass in allen Situationen verschiedene Anteile in mir ihren Senf dazu geben. Diese verschiedene Anteile in mir haben unterschiedliche Meinungen zu ein und derselben Situation. Sie äußern diese unterschiedlich laut oder leise, mischen sich früher oder später ins Geschehen ein, sind vertrauter oder noch fremd, willkommen oder eher peinlich und schicken zu Situationen unterschiedliche Handlungsimpulse. Häufig kristallisieren sich mit der Zeit Hauptakteur*innen heraus. Jene, die immer wieder auftauchen. Meine stelle ich euch gleich vor.

Dieses innere Team entwickelt – wie andere Gruppen auch – untereinander eine Dynamik. Jedes Crewmitglied vertritt Anliegen und übernimmt eine gewisse Rolle. Die Anteile kommunizieren, verbünden sich und tragen regelmäßig Konflikte miteinander aus. Das Team braucht mich als Koordinator*in. Ich entscheide, was nach außen vertreten wird. Als ich angefangen habe das Buch zu schreiben, war mir das nicht klar. Durch das Kennenlernen der Einzelnen beim Schreiben kam ich immer besser in Kontakt mit jedem einzelnen Teammitglied. Und das ist gut so. Denn je frühzeitiger innere Konflikte gelöst werden, desto harmonischer und kooperativer wird das Zusammenspiel und desto besser ist mein eigenes »Betriebsklima«. Das Schreiben des Buches ist mein Versuch mir Zeit zu nehmen, um den kleinen, inneren Chaot*innen zuzuhören, sie zu moderieren und in eine bestimmte Richtung sanft zu lenken.

Nun zu der offenen Frage »warum gemeinsamer Flug«? Ich habe lange nach einem passenden Bild für mein inneres Team gesucht. Bisher habe ich von Team, Hauptakteur*innen, Crewmitgliedern und Koordinator*in gesprochen. Mit dem Fortschreiten des Buches habe ich mich dafür entschieden, die einzelnen Anteile zu verbildlichen. Als ich mich eines Abends mit Lian auf ein Feierabendgetränk getroffen habe, brachte mich Lian auf die Idee mein inneres Team mit Gänsen zu vergleichen. Da ich mit Vögeln, genauer gesagt Lockentauben aufgewachsen bin, war mir die Idee sehr sympathisch. Hast du Gänse schon einmal beim Fliegen beobachtet? Sie sind Zugvögel und legen ihren über tausende Kilometer langen Flug in einer sogenannten V- oder Keilformation zurück. Ein Vogel fliegt als leitender Vogel an der Spitze und die anderen versetzt hintereinander. Die Gänse können mit dieser Formation den Auftrieb des jeweiligen »Vordervogels« nutzen und so Energie sparen. Der Vogel, der an der Spitze fliegt, muss am meisten Energie aufwenden, da er ja keinen Vogel vor sich hat, in dessen Auftrieb er fliegen kann. Daher kann es sinnvoll sein, ab und an mit einem anderen Vogel die Position zu wechseln. Ich mag die Wertschätzung an jedes einzelne Teammitglied in dem Bild. Alle unterstützen sich gegenseitig, um ans Ziel zu kommen. Mit der gleichen Wertschätzung mag ich meinem inneren Geschnatter begegnen. Und was das im Umgang mit Privilegien und Diskriminierungen bedeuten kann, wird hoffentlich im Laufe des Buches deutlich werden.

Nun zu meinen Crewmitgliedern. Ich stelle euch hier mein Gänseflugteam vor:

**JÜRGEN**, Pronomen sie, ist die Perfektionistin. Ihre Botschaft an mich ist: Sei besser! Jürgen ist meine innere Kritikerin und Antreiberin. Sie hat sehr hohe Ansprüche und bewertet Verhaltensweisen auf Grundlage dieser. Sie ist oft überaus streng – zu mir und zu anderen. Jürgen drängt immer wieder dazu, über eigene Grenzen zu gehen.

**FRITZI**, kein Pronomen, ist Idealist*in und erträgt Ungerechtigkeiten überhaupt nicht. Fritzi möchte von ganzem Herzen in einer Welt leben, in der es allen Menschen gut geht. Fritzi setzt sich für einen bewussten Umgang mit eigenen Privilegien ein, für einen kritischen Umgang bezüglich Diskriminierungen und reflektiert beides.

**NAMIKO**, Pronomen er, ist ein sehr präsentes Gefühl. Und zwar Angst. Der Ängstliche fürchtet sich vor vielem. Vor allem hat er Angst zurückgewiesen oder verlassen zu werden. Er ist sehr konfliktscheu und liebt Harmonie. Daher versucht er mein Handeln dahingehend zu beeinflussen, dass ich mich an herrschende Normen und Erwartungen anderer anpasse. Wenn er die Erwartungen nicht kennt, versucht er hellseherisch herauszufinden, was andere wollen.

**AABID**, Pronomen er, ist sehr empathisch und fürsorglich. Aabid hat ein Ohr für Bedürfnisse. Wenn er den Raum hat, hört er allen Stimmen zu und plädiert letztendlich dafür, so zu handeln, dass es mir gut geht: manchmal ist das eben auch sich anzupassen.

**JANOSH**, Pronomen sie, ist egoistisch. Sie ist sehr auf sich selbst bedacht und hat Angst zu kurz zu kommen. Janosh möchte beschützen. Das versucht sie, indem sie Härte zeigt, wütend oder manchmal auch trotzig wird. Janosh ist gleichzeitig sehr mutig. Sie macht sich wenig daraus, was andere über sie denken.

Diese Crew ist jederzeit, während meines Fliegens durch den Alltag und auch beim Schreiben dieses Buches dabei. Alle nehmen ebenfalls in Bezug auf meinen Umgang mit Scham, Privilegien und Diskriminierungen verschiedene Rollen und Stimmen ein. Sie werden sich immer mal wieder in verschiedenen Situationen zu Wort melden.

Wie stehen die einzelnen im Verhältnis zueinander? Ich schildere euch einige Beispiele, aber das Verhältnis wird in den beschriebenen Situationen im Laufe des Buches auch noch deutlicher. Jürgen beschämt beispielsweise, wenn Fritzi es nicht schafft gegen Ungerechtigkeit einzutreten. Aabid schaltet sich dann manchmal ein und schenkt Fritzi Verständnis. Wenn Fritzi gegen Ungerechtigkeit eintritt, meldet sich manchmal Namiko zu Wort und hat Angst nun nicht mehr gemocht zu werden, weil Aabid zurückmeldet, dass die Menschen, die sich diskriminierend verhalten haben, sich jetzt unwohl fühlen.

Janosh löst das dann manchmal auf, indem er für Rückzug von der Menschheit plädiert, weil wir schließlich auch alleine zurecht kommen.

**FRAGEN ZUM WEITERDENKEN UND AUFSCHREIBEN:**

Kennst du dein inneres Team? Welche sind deine Crewmitglieder? Fällt es dir schwer, diese Fragen zu beantworten? Erinnerst du dich vielleicht an Situationen, in denen du dich hin- und hergerissen fühltest? Welche verschiedenen Stimmen meldeten sich zu Wort? Kannst du sie mit bestimmten Tieren assoziieren oder mit Bäumen, mit anderen Pflanzen, mit Wolkenformationen oder Wettern – was auch immer deine Bilder sind? Wurden alle Anteile gleichzeitig munter oder zu unterschiedlichen Zeitpunkten? Welche Anliegen hatten deine verschiedenen Teammitglieder? Wie würdest du sie charakterisieren? Das weißt du gerade nicht? Macht nichts! Selbstverständlich sind es bei mir auch nicht nur fünf klar voneinander abtrennbare Gänse. Ich hab die Darstellung für dich etwas zugespitzt. Aber vielleicht lernst du ja auch ein paar Anteile in dir etwas besser kennen beim Weiterlesen. Na, dann mal los!

## Was genau will ich umarmen?

*Ich übernachte das erste Mal in der neuen WG von einem Lieblingsmenschen. Dass ich die erste Nacht in einem fremden Bett schlecht schlafe, kenne ich von mir. An diesem Morgen erwache ich kurz vor acht Uhr. Ich überbrücke die Zeit in der er*sie noch schläft, indem ich dusche, Kaffee koche und den Frühstückstisch decke. Als mein Lieblingsmensch erwacht, freut er*sie sich über den Kaffee und den gedeckten Tisch. Was für ein schöner Start in den Tag. Fertig mit Frühstücken, gehe ich in sein*ihr Zimmer, um eine E-Mail zu beantworten. Gleichzeitig bekomme ich ein Gespräch durch die geöffnete Tür mit, das währenddessen in der Küche stattfindet: Lila, die Mitbewohnerin, beschwert sich über mich, weil ich sie aufgeweckt habe. Ich war morgens zu laut. Die Badtür wurde lärmend geschlos-*

*sen. Die Teller und Tassen haben in der Küche geklirrt. Auch in mir wird eine Stimme laut:*

*Jürgen, die Perfektionistin, meldet sich zu Wort: »Wie konntest du nur so rücksichtslos sein!?« Namiko, der Ängstliche zittert: »Oh nein. Das tut mir leid! Ich habe Angst, dass Lila mich jetzt für immer doof finden wird.« Den restlichen Tag bewege ich mich schleichend und beklemmt durch die Wohnung. Jede Tür schließe ich sanft. Ich meide die Räume, in denen sich die neue Mitbewohnerin aufhält. Als sich unsere Wege kreuzen, lächle ich sie schüchtern an. Später frage ich Lila, ob sie etwas von dem gekochten Essen haben möchte.*

Ich habe vor – wie der Titel des Buches ja bereits erwähnt – Scham zu umarmen. Bevor ich anfing, mich explizit mit diesem Gefühl zu beschäftigen, war mir nicht bewusst, dass es so häufig in meinem Leben eine große Rolle spielt. Als kleine Erleuchtung empfand ich das Lesen eines Buches von Brené Brown mit dem treffenden Titel: *I Thought It Was Just Me (but it isn't): Making the Journey from ›What Will People Think?‹ to ›I Am Enough‹*. Der Titel heißt soviel wie »Ich dachte es ginge nur mir so, aber das stimmt nicht. Sich auf die Reise begeben von ›Was werden die anderen über mich denken?‹ zu ›Ich bin genug.‹« Das Buch half mir, Scham als Zustand zu benennen, den ich oft in meinem bisherigen Leben erfahren habe und immer wieder erlebe. Die geschilderte Situation in der neuen WG verdeutlicht ebenfalls, wie es sich anfühlen kann sich zu schämen: Scham erlebe ich als sehr intensiv. Ich intensiviere sie, indem ich das Gefühl unbedingt vermeiden oder loswerden möchte. Es macht sich in mir breit, nachdem ich einen Teil meiner eigenen Persönlichkeit enthüllt habe, von dem ich annehme, dass ihn andere Menschen nicht mögen. Scham weist auf einen Teil in mir hin, den ich abwerte und_oder von dem ich befürchte, dass mich andere Menschen deswegen zurückweisen. Ich habe Angst, dass mich Menschen wegen eines konkreten Verhaltens von mir nicht (mehr) mögen; Angst, dass dieser Mangel zu gravierend ist, um (weiterhin) für andere Menschen sympathisch zu sein. Um einem »Verlassen-werden« zuvor zu kommen, gehe ich selbst aus dem Kontakt.

In der Situation mit Lila wurde ich auf ein Verhalten hingewiesen, das ich und die Mitbewohnerin als rücksichtslos bewerten: laut sein, wenn andere schlafen. Ich schäme mich für mein rücksichtsloses Verhalten, gefolgt von Jürgens Tadel und Namikos Angst, deswegen nicht mehr gemocht oder ausgeschlossen zu werden. In dem Fall habe ich Angst davor, dass mich die Mitbewohnerin unsympathisch findet, dass ich mich als nicht-liebenswürdig erwiesen habe und sie mich nach dem ersten Eindruck nicht mehr mögen kann. Ich befürchte, dass sie sich deswegen von mir distanziert. Gleichzeitig gehe ich Lila aus dem Weg.

Ich befürchte demnach nicht nur, dass Personen sich von mir distanzieren, wenn ich mich auf eine Art und Weise verhalte, für die ich mich schäme. Manchmal ziehe ich mich selbst zurück, wenn ich mich schäme, wie eine andere Situation gut zeigt:
*Am Abend treffe ich mich mit ein paar Leuten aus meiner Politgruppe. Wir besprechen eine Neuformulierung unseres Selbstverständnisses. Ich bestehe auf eine bestimmte Formulierung bezüglich Diskriminierung. Ich plädiere argumentativ stark dafür, da ich eine andere Formulierung, die vorgeschlagen wurde, als weniger diskriminierungssensibel empfinde. Danach nehme ich ein Schweigen im Raum wahr. Fange ich an mich zu schämen, weil ich so viel Raum eingenommen habe? Dass das so sein könnte, nehme ich in dieser Situation allerdings nicht wahr, sondern ziehe mich in mich zurück. Ich steige für ein paar Minuten aus dem Prozess aus. Ich fühle mich nicht mehr offen und zugewandt, breche den Blickkontakt mit allen ab und fühle eine starke Kluft zwischen mir und dem Rest der Gruppe. Will ich so meine Unsicherheit verbergen? Eigentlich finde ich gerade die Person, die meiner Position widersprochen hat, auch ganz schön doof. Zum Glück merke ich nach einer Weile, was da genau in mir passiert und muss über mich schmunzeln. Ich beruhige mich selbst, atme tief durch, schaue einigen Menschen bewusst in die Augen, lächle sie an und bin zurück im Raum.*

Wenn ich so darüber schreibe, hat Aabid, der Verständnisvolle, weitere Perspektiven auf die Situationen. Er schafft es mit etwas Distanz, das Geschehene wohlwollender zu interpretieren. »Du gehst aber in beiden Situationen auch wieder zurück in den Kontakt. Merkst du das? Woher weißt du, was sowohl die Politgruppe, als auch die Mitbewohnerin von dir denken? Woher weißt du, dass der ausgetragene Konflikt hintergründig etwas mit dir zu tun hat?« Vielleicht war die Mitbewohnerin zuvor schon wütend auf meine*n Gastgeber*in und dies war der berühmte zum überlaufen bringende Tropfen. Gibt es nicht auch andere Möglichkeiten mit dem Gefühl der Beschämung umzugehen, als sich unsichtbar machen zu wollen? Also in der Situation konkret die Mitbewohnerin Lila zu vermeiden? Auf alternative Handlungsmöglichkeiten und Strategien gehe ich in den Kapiteln »Tag 1« bis »Tag 7« ein. An dieser Stelle möchte ich mich zunächst noch genauer mit einigen Aspekten von Scham auseinandersetzen.

## Was verursacht meine Scham?

In der WG-Situation befürchtete ich, dass ein kritisierbares Verhalten mich als Person »wertlos« macht. Und das, weil ich gegen eine stillschweigende soziale »Regel«, sich morgens, wenn andere Menschen noch schlafen, leise zu verhalten, verstoßen habe. Voraussetzung ist, dass ich die soziale Regel, »leise sein, wenn andere schlafen«, kenne. In diesem Fall ist es eine Regel, die ich zusätzlich sinnvoll finde und an die ich mich gerne halten möchte. Wahrscheinlich würde ich anders empfinden, wenn ich vor der Beschwerde nicht wusste, dass es rücksichtslos ist, morgens laut zu sein oder ich es totalen Quatsch finde. Scham wird also durch das Nichterfüllen sozialer Regeln und_oder eigener Ansprüche ausgelöst. Wenn ich diese nicht erfülle, befürchte ich Verbindungsabbruch von anderen zu mir. Eine weitere Grundlage für Scham ist, dass ich möchte, dass die neue Mitbewohnerin mich mag, ich ein Bedürfnis nach Zugehörigkeit habe. Scham liegt also ein Bedürfnis nach Verbindungen zugrunde.

## Was meine ich mit sozialen Regeln?

Ein anderes Wort für soziale Regel ist Norm. Diese sind zahlreich. Ich habe bei lambda: Berlin-Brandenburg eine Broschüre mit dem Titel *Zwergenaufstand beginnen – Riesenansprüche platt machen. Gesellschaftlicher Druck und wie du mit ihm umgehen kannst*, gemeinsam mit queeren Jugendlichen herausgebracht. Die Normen, die dort als Druck auslösend benannt wurden, reichen von Leistungsanforderungen in der Schule über Schönheitsideale bis hin zu Rollenerwartungen bezüglich des zugeschriebenen Geschlechts. Hier ist ein Text aus der Broschüre, der einige Normen beispielhaft benennt:

*LIEBE GESELLSCHAFT*
*Ich bin so allein. Stehe hier, erstarrt, eingeschüchtert, als schwacher Beobachter. Ich betrachte euch, wie ihr lacht, euch zeigt und einfach sorglos existiert. Ich bemerke, wie sehr ihr heraussteht, jede_r einzelne von euch. Ihr habt Pickel und Muttermale, ihr seid groß, klein, ihr habt dünne Haare und große Nasen, doch ihr scheint es gar nicht zu bemerken. Ihr seid selbstbewusst, und ich bewundere euch alle dafür. Ich bin so allein, denn ich habe zu viele Pickel, ich bin zu klein oder nicht klein genug, meine Haare sind zu dünn und meine Nase ist zu groß, und ich weiß, dass ihr all das bemerkt. Deshalb packt mich der Selbstzweifel.*
*Ihr drängt mir die Rolle einer Frau auf, die ich nicht bin. Ich möchte stark, schön und selbstbewusst sein, doch ihr sagt, dass das nicht weiblich genug sei. Aber habt ihr mich jemals gefragt, ob ich weiblich bin? Nein, es ist euch egal. Mein Körper ist für euch ausreichend Material, um über mich zu urteilen und zu bestimmen, wer ich zu sein habe. [...]*
*Ich trug High Heels, weil sie schön sind und mich schön machen. Doch sie machen mich auch groß und damit zu auffällig. Das Gift eurer Blicke zerfraß die Absätze*

*meiner Schuhe, und ich schrumpfte, schrumpfte zusammen bis nichts mehr von mir blieb bis auf die Angst, aufzufallen. Warum kann ich nicht auffallen wie ihr? Warum habe ich Angst? Ihr zwingt mich dazu, euch zu fürchten und vor eurem Urteil zu zittern. Doch ihr versteckt euch hinter Schminke, ihr kaschiert eure Bäuche unter weiten T-Shirts. Warum? Habt ihr Angst? Angst vor meinem Urteil? Angst vor der Person, der ihr nur Hass entgegenbringt?*

*Mein Beobachten hat auf einmal einen Sinn, denn ich erkenne: Ihr seid mein Spiegel und ich bin eurer. Wir alle haben Angst, wir alle verstecken uns, und wir alle senden Hass durch das Glas, das uns trennt. Denn ihr hasst mich, weil ich euch verurteile, und umgekehrt. Warum zerbrechen wir diesen Teufelskreis nicht, warum zerschlagen wir nicht den Spiegel und fangen an, Schminke zu benutzen, weil wir uns dadurch ausdrücken können? Warum wachsen wir nicht über unsere Ängste hinaus? Es wäre so einfach. Denn keine_r ist allein mit der Angst, nicht der Norm zu entsprechen. Lasst uns alle Normen, die uns Angst machen, verwerfen.*

Dieser Text ist von Adrian (2018: 40f). Er positioniert sich als *weißer*, dyadischer, trans*männlicher Schüler, der nicht behindert wird.

Dyadisch bedeutet, mit einem Körper geboren worden zu sein, der einer medizinisch binären Vorstellung von Geschlecht entspricht.

Ich als ebenfalls *weiße* dyadische trans* Person, die ebenfalls nicht beHindert wird, kann viel mit dem von Adrian Beschriebenen und mit dem Druck gesellschaftlicher Schönheitsnormen anfangen. Als ich jugendlich war, schämte ich mich extrem für meinen Körper. Ich glaubte an das, was mir unter anderem von Medien suggeriert wurde: nämlich, dass vieles besser werden würde, wenn ich endlich noch dünner werde. Irgendwann drehte sich vieles in meinem Leben nur noch um Abnehmen. Findest du das oberflächlich? Was denkst du jetzt von mir? Ich habe länger überlegt, ob ich mich an dieser Stelle diesbezüglich oute. Ich habe Angst, dass ich dadurch etwas preisgebe, das meine Anerkennung gefährdet, mich abstempelt oder ich mit abwertenden Reaktionen umgehen muss. Ich befürchte, dass ich einen Teil von mir offenbare, wegen dem mich Leute ablehnen oder sich von mir abwenden. Und das ist ja genau die Angst, die ich als Scham benannt habe. Ich schäme mich also dafür, dass mir mein Aussehen so wichtig war. Und das, obwohl oder gerade weil ich die gesellschaftlichen Schönheitsideale, die Dünnsein abfeiern, mittlerweile entschieden ablehne. Sie sind eng mit Kapitalismus verknüpft. Mit dem Wunsch von Menschen, diesen unerreichbaren Idealen zu entsprechen, verdienen einzelne wenige Menschen sehr viel Geld. Viele andere Menschen verlieren Geld und Selbstliebe. Mögliche Lebensenergie verpufft im Kämpfen gegen sich selbst. Den Druck bestimmte Schönheitsideale zu erfüllen, nehme ich in queeren Kontexten wahr, obwohl in diesen solche Ideale ebenfalls abgelehnt werden, oder? Woher kommt die Diskrepanz zwischen Haltung und Bewertung? Selbst wenn bestimmte soziale Ansprüche nicht (mehr) meine eigenen sind, kann ihr Nichterfüllen Scham auslösen. Soziale Normen haben Macht, ob ich sie gutheiße oder nicht.

## Wie werden soziale Normen durch Beschämung verstärkt?

*»Herrschaftszeitn! Junger Mo, jetz nehma Sie sofot ihre Fiass vo da Bank! Hat dees ihna ihr Mudda ned beibracht, dass ma sowas needer macht?«*

Laut dieser Aufforderung an mich – während ich auf den Zug warte – ist es gängige Regel, dass Füße nicht auf einer Bank abgelegt werden dürfen. Ich fühle mich auch sofort dabei ertappt, etwas Unrechtes getan zu haben. Mein Vater hat mich als Kind getadelt, wenn ich meine Füße auf Sitzflächen abgestellt habe.

Was bezweckt die Person mit ihrer Aussage? Wenn es wirklich darum geht zu erreichen, dass ich die Füße von der Bank nehme, wäre es doch eigentlich sinnvoller, mich etwas höflicher darum zu bitten, oder? Vielleicht etwa so:

*Entschuidign Sie, junga Mo. Kanntn Sie bitte de Fiass vo da Bank nehma. ›s waarad ma wichtig weil's sei kannt, dass da Sitz daduach schmutzig werd. I mog mi ned auf a schmutzige Bank setzn.*

Lian merkt an dieser Stelle an: »Ich glaube, ich würde mich danach trotzdem schämen, weil die soziale Norm (auf andere Rücksicht zu nehmen) dennoch verletzt würde oder?«

Die Person zielt wahrscheinlich nicht darauf ab, mir ihre Bedürfnisse mitzuteilen, sondern will mich darauf hinweisen, dass ich Normen, die sie für selbstverständlich gültig hält, nicht einhalte. Durch die Beschämung grenzt sich die Person von mir ab, zeigt »ich bin vollwertiger Teil der Gesellschaft, weil ich die Regeln kenne und befolge, im Gegensatz zu dir!« Auf diese Weise gibt die Person die für sie gültige Norm wider und verstärkt sie. Und ich schäme mich auch für das Nicht-Erfüllen sozialer Normen, die nicht zwingend meinen Ansprüchen entsprechen.

## Was hat Scham mit dem Nicht-Erfüllen eigener Ansprüche zu tun?

*Es war ein langer Tag. Erschöpft fahre ich mit einem Lieblingsmenschen und meinem Hund Muffin in der Bahn nach Hause. Ich glaube, dass Muffin schläft. Aus für mich unersichtlichen Gründen bellt sie plötzlich laut. Ich zucke zusammen. Auch die zwei anderen Menschen im Abteil äußern Laute des Erschreckens. Ich werde wütend auf Muffin und umklammere mit der Hand unsanft ihre Schnauze. Eine der mitfahrende Person nickt mir anerkennend zu: »Lassen Sie das nicht durchgehen!« Der Lieblingsmensch findet mein Verhalten total daneben und kritisiert mich dafür. In dem Moment finde ich die Kritik nicht berechtigt, sondern bin beleidigt.*

*Janosh denkt: »Du hast doch gar keine Ahnung, also misch dich nicht ein!« Ich bocke noch eine Weile, während wir schweigend im stillen Zug und mit einer klein zusammengerollten Muffin durch die Nacht fahren.*



*Fritzis Stimme wird immer lauter. In einem Moment, in dem ich mich unbeobachtet fühle, streiche ich*

*Muffin als Entschuldigung über den Kopf: »Es tut mir leid, dass ich so grob zu dir war.«*

In dieser Situation ist mir unangenehm, dass mein Hund noch andere Leute erschreckt hat und ich dadurch negativ auffalle. Im U-Bahn-Waggon herrscht Uneinigkeit, was richtiges, normgerechtes Verhalten auf das Bellen wäre. Soweit ich das im Nachhinein einschätzen kann, schäme ich mich aber vor allem für mein grobes Verhalten meinem Hund gegenüber. Es entspricht absolut nicht meinen eigenen Ansprüchen an den Umgang mit Muffin.

Marie fragt mich nach dem Lesen des Abschnittes und bringt mein Empfinden auf den Punkt: »Kam auch noch Scham dazu, dass der anwesende Lieblingsmensch dein Verhalten rügte und dich dabei erlebte, wie du den Ansprüchen der Leute im Abteil, statt deinen, beziehungsweise euren, entsprachst?

Scham kann letztendlich entweder durch das Nichterfüllen sozialer Normen und_oder das Nichterfüllen eigener Ansprüche entstehen. Auch wenn ich bestimmte soziale Regeln ablehne, kann es sein, dass ich mich für ihre Nichteinhaltung schäme. (Selbst)Beschämung verstärkt wiederum soziale Normen. So sichert Scham den Erhalt dieser.

**FRAGEN ZUM WEITERDENKEN UND AUFSCHREIBEN:**

Magst du darüber nachdenken, welche Normen du verinnerlicht hast?
Welche davon sind dir heute noch wichtig und welche nicht?
Welche Normen sind dir vielleicht jetzt wichtiger als früher?
Wofür wurdest du als Kind beschämt?
Wofür beschämst du andere Menschen?
Wofür schämst du dich jetzt?
Wie fühlt sich Scham für dich an?

## Was verstehe ich unter Privilegien und Diskriminierungen?

Nachdem dir nun hoffentlich mein und dein Verständnis von Scham etwas klarer geworden ist, hangeln wir uns weiter zu Begriffen des Untertitels: Was verstehe ich unter Diskriminierungen und Privilegien?

Die Entwicklung meines Verständnisses dieser Konzepte habe ich sowohl Auseinandersetzungen mit Menschen in meinem Umfeld, wie beispielsweise Melody Makeda Ledwon, Edwin Greve oder Dome Ravina, als auch den wundervollen Uni-Seminaren von Grada Kilomba, Ngubia Kessé und Lann Hornscheidt zu verdanken.

Zunächst einige Sätze zu Diskriminierungen und Privilegien:

Diskriminierungen sorgen dafür, dass Menschen benachteiligt werden. Diskriminierung funktioniert dadurch, dass andere Menschen privilegiert werden. Privilegierung hat zur Folge, dass andere Menschen Privilegien erleben und gegenüber Diskriminierten bevorzugt werden. Privilegierte Menschen profitieren also von Diskriminierung.

Wer wird privilegiert? Menschen, denen eine »Normalpositionierung« (Hornscheidt 2012: 53) zugeschrieben wird, werden gesellschaftlich bevorzugt. In Deutschland gilt beispielsweise *weiß*, deutschsprachig, männlich, heterosexuell, gesund, schlank, leistungsfähig, Mittelklasse und cis-geschlechtlich als Norm.

Cis-geschlechtlich meint, dass eine Person das Geschlecht hat, welches ihr bei Geburt auf Grund von Genitalien zugewiesen wurde.

Inwiefern eine Person als mehr oder weniger in die Normalpositionierung hineinpassend gilt, hängt eng mit einer kapitalistischen Verwertungslogik zusammen. Wenn darauf abgezielt wird wirtschaftlichen Gewinn zu erhöhen, braucht es Menschen, die für andere unangenehme Arbeiten erledigen. Rassismus legitimiert die Ausbeutung Schwarzer und People of Color und macht sie zu billigen Arbeitskräften. Firmen verlegen ihre Produktionsorte dahin, wo sie Schwarze Menschen und PoC für wenig Geld und unter schlechten Arbeitsbedingungen anstellen können. Menschen, die durch Klassismus benachteiligt werden, haben strukturell weniger Zugang zu anerkannten Bildungsabschlüssen und somit gut bezahlten Jobs. Es ist gesellschaftlich anerkannt, dass ihre Arbeit wenig entlohnt werden muss. Sexismus sichert, dass Menschen, die als Frauen eingelesen werden, innerhalb von Familien unbezahlte Fürsorgearbeit leisten; und insbesondere Frauen, die arm sind und_oder durch Rassismus diskriminiert werden, arbeiten häufig in prekären Arbeitsverhältnissen, um den Haushalt von Privilegierten zu machen, zu putzen, Kinder zu versorgen und Pflegearbeit zu leisten, damit ihre Arbeitgeber*innen in der gleichen Zeit für sehr viel mehr Lohn arbeiten können. Andere Formen von Diskriminierung hängen mit dem Herausfallen bestimmter Gruppen aus dem Produktionsprozess zusammen. Diskriminierung auf Grund von Alter oder beHindert-Werden grenzt teilweise Menschen aus, die nicht auf eine bestimmte, sozial genormte Weise dem Arbeitsmarkt zur Verfügung stehen. Innerhalb kapitalistischer Logiken sind diese Personengruppen eine »Belastung«.

Was als Normalpositionierung gilt, ist fragil und wird »lediglich« durch alltägliche Praxen immer wieder neu hergestellt und stabilisiert. Beispielsweise werden durch den Begriff »Fremdenfeindlichkeit« Menschen, die Rassismus erleben, immer wieder als »Fremde« hergestellt.[3] Häufig passiert die Herstellung von Menschen, die von Normalpositionierung als »die Anderen« abweichen unbewusst. Diskriminierung und Privilegierung, sowie die Stabilisierung dessen, was als normalpositioniert gilt, findet auf struktureller, institutioneller und individueller Ebene statt: Menschen werden strukturell bevorzugt oder benachteiligt. Beispielsweise macht der Besitz eines deutschen Passes mit den dazugehörigen Gesetzen Reisen in viele Länder einfacher, als wenn eine Person diesen Pass nicht hat. Das Fehlen eines Gesetztes, dass in jedem Gebäude ein Fahrstuhl eingebaut werden muss, macht manchen Menschen den Zugang zu einigen (öffentlichen) Gebäuden unmöglich.

Ein Beispiel für institutionelle Diskriminierung und Privilegierung ist, dass Rassismus dafür sorgt, dass *weiße* Menschen weniger häufig auf Schulen mit Förderschwerpunkten geschickt werden, als Kinder of Color (vgl. Diehl/Flick 2016: 252). Ein weiteres Beispiel für

3 Danke Anoma Premachandra für die Ausführung zu diesem Begriff.

institutionellen Rassismus ist, dass die Polizei Racist Profiling durchführt, indem sie Schwarze Menschen oder Menschen of Color häufiger einer Straftat bezichtigen als *weiße* Menschen.

Individuelle Diskriminierung und Privilegierung bezieht sich auf alltägliche Interaktionen. Dies kann der Fall sein, wenn beispielsweise nicht direkt mit der Person gesprochen wird, die einen Rollstuhl benutzt, sondern mit einer Begleitperson – vor allem, wenn die Person sehr jung, bzw. alt ist und_oder geschlechtlich uneindeutig. Oder wenn Ärzt*innen, die Hormone verschreiben, dicken trans* Menschen oder trans* Menschen, die beHindert werden weniger schnell gewünschte Hormonerhöhungen verordnen. Hä? Warum ist das letzte Beispiel denn keine institutionelle Diskriminierung? Die* Ärzt*in handelt doch im Rahmen einer Institution, oder etwa nicht? Wenn ich in Workshops die verschiedenen Ebenen von Diskriminierung erkläre und Beispiele nenne, entzündet sich in 90% der Fälle eine Diskussion darüber, welches Beispiel nun welcher Ebene zugeordnet werden kann. Letztendlich finde ich eine eindeutig korrekte Zuordnung irrelevant. Mir ist es wichtig, dass klar wird, dass sich Privilegierung und Diskriminierung auf verschiedenen Ebenen abspielen und, dass sich diese verschiedenen Ebenen bedingen und gegenseitig verstärken. Um Diskriminierungen abzubauen, benötigt es Veränderungen auf allen Ebenen.

Innerhalb des Buches arbeite ich viel mit konkreten Situationen, die sich auf individueller Ebene abspielen.

**FRAGEN ZUM WEITERDENKEN UND AUFSCHREIBEN:**

Welche Beispiele für Diskriminierung fallen dir ein?
Auf welcher Ebene spielen sie sich ab?
Inwiefern hängt dieses Beispiel vielleicht mit den anderen Ebenen zusammen?

## Was hat das Ganze mit mir zu tun – oder: bin ich normalpositioniert?

Bisher waren die Auseinandersetzungen mit Privilegien und Diskriminierungen ganz schön theoretisch. Mir ist es wichtig, und ich erachte es als Grundlage für privilegienbewusstes und diskriminierungskritisches Handeln, die Themen auf eigene Erfahrungen zu beziehen. Also weg von der Theorie, hin zu dir und mir:

Ich entspreche teilweise Normen, weil ich *weiß* und deutschsprachig bin, einen deutschen Pass besitze, christlich sozialisiert wurde, Bildungsprivilegien habe, manchmal männlich und immer als nicht beHindert wahrgenommen werde. Gleichzeitig weiche ich von den Normen Cis-Geschlechtlichkeit und Heterosexualität ab. Ich weiß, wie es ist, als psychisch krank zu gelten und in betreuten Kontexten aufzuwachsen. Ich stamme nicht aus einem akademischen Elternhaus, sondern habe einen Arbeiter*innenhintergrund.

Bin ich nun normalpositioniert oder nicht? Frauen of Color wie Audre Lorde, Gloria Anzaldúa oder das Combahee River Collective weisen darauf hin, dass Menschen mehrere Merkmale in sich vereinen und daher gleichzeitig manche Normen erfüllen und andere nicht. Ich bin also gleichzeitig (mehrfach-)privilegiert und diskriminiert. Genauso kann sich meine Positionierung im Laufe des Lebens ändern: Ich werde die meiste Zeit als nicht beHindert eingelesen. Und wenn Psychopathologisierung als beHindert werden mitgemeint wird, dann ändert sich vielleicht die Wahrnehmung von mir, sobald ich ein T-Shirt trage. Menschen entdecken eventuell die Narben meiner Selbstverletzung – und jetzt durch das Lesen dieser Worte erhöht sich die Wahrscheinlichkeit womöglich. Menschen nehmen mich folglich unterschiedlich wahr, je nachdem, welche Kleidung ich trage. Ich mag in diesem Zusammenhang den Begriff *temporarily able bodied*. Auf deutsch heißt das soviel wie *zeitweise nicht beHindert werden*. Es zeigt an, dass jeder Mensch irgendwann im Laufe des Lebens und mit zunehmendem Alter beHindert werden kann. Das blenden viele Menschen aus. Auch mein Bildungshintergrund hat sich verändert. Ich habe anerkannte Zertifikate, wie einen Universitätsabschluss. Ich weiß, wie es sich anfühlt Sexismus zu erleben, auch wenn ich von Sexismus mittlerweile profitiere. Dafür werde ich inzwischen wieder viel jünger geschätzt, als ich es bin und dadurch öfter nicht ernst genommen. Ich habe momentan nicht viel Geld, aber habe Eltern, die finanziell abgesichert sind. Andere Merkmale können sich nicht ändern: Ich bin *weiß*-privilegiert und werde niemals rassistisch diskriminiert werden. Meinen deutschen Pass nimmt mir auch keine Person oder Institution mehr weg.

Diese Gleichzeitigkeit und Veränderbarkeit von Diskriminierungen und Privilegierungen wird oft ausgeklammert in politischen Kontexten, öffentlichen Debatten und Räumen, die von und für diskriminierte Gruppen geschaffen werden. Das ist schade. Denn feste Gruppen, die klar voneinander abgrenzbar sind, können besser gegeneinander ausgespielt werden. Im Rahmen des Sensibilisierungs- und Empowermentprojekts, das ich lange Zeit koordiniert habe und welches zu den Schwerpunkten sexuelle_romantische und geschlechtliche Vielfalt arbeitet, erlebte ich das Gegeneinander-Ausspielen immer wieder. Lehrkräfte fragten das Projekt an und warnten uns, dass eine bestimmte Klasse einen Workshop besonders nötig hätte. Diese Annahme der Lehrer*innen hing stark mit antimuslimisch-rassistischen Vorurteilen zusammen. Die Lehrenden markierten die Schüler*innen als muslimisch und schrieben Homofeindlichkeit zu. Diese Zuschreibung deckt sich absolut nicht mit meinen Erfahrungen. Häufig wirkt das Ansprechen von Diskriminierungserfahrungen, wie sie muslimische oder als muslimisch markierte Schüler*innen häufig machen, verbindend und fördert ein gegenseitiges Zuhören. Ein Aufwiegeln benachteiligter Menschen(gruppen) gegeneinander verhindert, dass sich diese verbünden und gemeinsam gegen Diskriminierungen wehren. Außerdem wird ausgeklammert, dass manche muslimische Menschen durchaus auch beispielsweise homosexuell sind.

Ich möchte diesen Punkt nicht beenden, ohne eine Frage anzusprechen, die mir beim Schreiben und Überarbeiten dieses Abschnitts aufgefallen ist: Warum fällt es mir bei manchen Aspekten leichter, Diskriminierungen zu benennen und warum bei anderen Diskriminierungserfahrungen schwerer? Das Outing, dass Selbstverletzungen, Abnehmen und Psychiatrie in meinem Leben eine Rolle gespielt haben, löst Widerstände und Befürchtungen aus. Ich habe beispielsweise Angst, dass ich nun nicht mehr ernst genommen werde. Als ich darüber schrieb, dass ich zwar kein Geld habe, aber meine Eltern finanziell abgesichert sind, habe ich mir darüber Gedanken gemacht, welche Formulierung ich wähle, damit bloß keine Person denkt, dass ich ständig von meinen

Eltern Geld erhalte. Mir ist es wichtig zu betonen, dass ich mich selbst finanziere. Auch als ich Selbst-Positionierungen von anderen Menschen mitbekam, wurde hin und wieder betont, dass zwar die Eltern studiert haben, aber die Großeltern nicht. In Bezug auf Klasse privilegiert zu sein, scheint beschämend zu sein in den Kontexten, in denen ich mich bewege. Ich wünsche mir, dass ich mich über die Möglichkeiten freuen kann, die ich durch meine Privilegien habe, dass ich meine Privilegien öffentlich machen und für mehr Gerechtigkeit einsetzen kann. Mein Ziel ist ja nicht, dass alle gleichermaßen deprivilegiert sind, sondern, dass alle Menschen – egal wie sie positioniert sind – möglichst wenig Ungerechtigkeit erleben. Das möchte ich durch diskrimierungskritisches und privilegienbewusstes Handeln erreichen.

Marie führt diesen Gedanken mit anschaulichen Beispielen weiter aus: »Nicht alle Menschen haben Zugang zu sauberem Trinkwasser. Und alle sollten es haben. Es sind aber nicht die Leute das Problem, die sauberes Trinkwasser haben – sondern der Fakt, dass nicht alle Menschen diesen Zugang haben. [...] Nicht alle Menschen haben eine Unterkunft. Das Problem sind aber nicht diejenigen Privilegierten, die eine haben, sondern, dass nicht alle ein Anrecht darauf haben/es in der Praxis nicht so aussieht. Das Ziel ist nicht, dass die Polizei bei allen Menschen Personen-, Taschen- und Abtastkontrollen macht, sondern aufhört, nach rassistischen Kriterien vorzugehen. Es ist ja auch prinzipiell nicht schlecht, bestimmte Privilegien zu haben. Der Begriff Privilegien verstellt vielleicht den Blick dafür, dass jeder Mensch bestimmte Rechte haben sollte. Es ist ungerecht, dass dies nicht der Fall ist. Aber es sollte um Rechte gehen, die jede*r haben sollte – und nicht, dass manche etwas nicht mehr haben.«

**FRAGEN ZUM WEITERDENKEN UND AUFSCHREIBEN:**

In Hinblick auf was entsprichst du Normen und wo nicht? Haben sich im Laufe deines Lebens Zuordnungen verändert? Welche werden wahrscheinlich immer gleich bleiben? Was fällt dir leichter? Privilegierungs- oder Diskriminierungserfahrungen zu benennen? Warum ist das so? In welchem Kontext positionierst du dich wie?

## Was ist diskriminierungskritisches und privilegienbewusstes Handeln?

Menschen sind nicht per se diskriminierungskritisch oder privilegienbewusst, sondern ihr Handeln kann es in manchen Situationen eher sein und in anderen weniger. Ich betrachte Handlungen und bewerte nicht Menschen an sich. Diesen Fokus empfinde ich als entlastend. Ich habe immer die Möglichkeit, in bestimmten Situationen auf unterschiedliche Weise zu reagieren und in anderen wieder anders. Ich kann meine Handlungen überdenken und in einer neuen Situation andere Handlungsstrategien wählen. Ich kann immer Handeln. Handlungsunfähigkeit, unfähig sein zu handeln, ist nicht möglich, auch nicht im Kontext von Diskriminierung und Privilegierung. Wenn ich ein Buch lese, dann lese ich. Außerdem atme ich, sitze vielleicht auf der Couch und höre dabei Musik. Wahrscheinlich mache ich dabei keinen Sport oder telefoniere. Wenn ich in der U-Bahn eine Grenzüberschreitung beobachte und weiterhin mein Buch lese, dann handle ich auch. Ich beobachte, lese, atme und interveniere nicht. Nicht einzugreifen ist also auch eine Handlung. Vielleicht wünsche ich mir im Nachhinein, dass ich mich anders verhalten hätte. Dennoch bin ich nicht handlungsunfähig. Ich bin fähig zu handeln, handlungsfähig. Selbst wenn ich mich nicht aktiv gegen etwas positioniere, entscheide ich mich für eine alternative Handlung, wie beispielsweise die Situation zu beobachten. Vielleicht entscheide ich mich auch dafür wegzusehen. Und diese Entscheidungen sind ebenfalls Handlungen. Es ist also nicht möglich, nicht zu handeln. Ich verhalte mich immer zu einer bestimmten Situation:

diskriminierungskritisch oder Normen verfestigend und reproduzierend.

Menschen haben jedoch unterschiedliche Handlungsmöglichkeiten oder Handlungsspielräume. Mit Judith Butler (vgl. 2001: 32) gesprochen: je mehr ein Mensch Normen erfüllt, desto weniger ist der Subjektstatus durch normabweichende Handlungen in Gefahr. Lann Hornscheidt merkt zu demselben Punkt an: »Je mehr Privilegien ein Mensch hat, desto mehr Handlungsmöglichkeiten bekommt er bereitgestellt, desto größer ist der eigene Handlungsraum.« Hierzu einige Beispiele: Welche Personen(gruppen) erhalten eine Gymnasialempfehlung bei gleichen Leistungen in der Schule und haben daher im Durchschnitt bessere Schulabschlüsse? Wer hat durch bessere Schulabschlüsse mehr Freiheiten in der Berufswahl und wird später potentiell mehr verdienen und eine höherstehende soziale Position einnehmen können? Wer wird bei gleichem Schulabschluss wegen des eigenen Nachnamens bevorzugt oder selbstverständlich zum Bewerbungsgespräch eingeladen? Wer verdient trotz gleicher beruflichen Stellung mehr als andere? Wer kann sich unabhängig vom Einkommen trotzdem nicht unbesorgt bewegen, da er*sie in verdachtsunabhängige Polizeikontrollen gerät? Wer kann sich unabhängig vom Einkommen frei bewegen, da Barrieren Zugänge nicht verschließen? Je nachdem wo ich mich aufhalte, treten unterschiedliche Erfahrungen in den Vordergrund, werden sichtbar oder für mich spürbar. Meine Privilegien, und dass ich (als Arbeiter*innenkind) Leistungsnormen stark verinnerlicht habe, haben mir beispielsweise zu guten Noten verholfen und es mir letztendlich ermöglicht, eine Abschlussarbeit zu schreiben, die den Anstoß zu diesem Buch gab. Meine Privilegierungs- und Diskriminierungserfahrungen beeinflussen alle meine Handlungen. Sie haben Einfluss darauf, wie viel Raum ich mir nehme, wieviel ich mir zutraue, wie sichtbar ich sein möchte, inwiefern ich versuche meine Bedürfnisse zu erfüllen oder ich mich traue meine Meinung zu sagen – und ob mir diese verschiedenen Fragen überhaupt bewusst sind oder nicht. Mein Handeln ist davon abhängig, wer sonst noch mit mir in bestimmten Räumen anwesend ist und welche Themen gerade verhandelt werden. Menschen sind häufig gleichzeitig sowohl privilegiert als auch diskriminiert. Je nach Kontext und Situation steht außerdem ein anderer Teil der Identität im Vordergrund.

Alle Menschen können immer irgendwie und mit unterschiedlichen Spielräumen handeln. Das ist noch nicht sehr konkret und beantwortet die Frage nicht, was mit diskriminierungskritischem und privilegienbewusstem Handeln gemeint ist. Diskriminierungskritisches und privilegienbewusstes Handeln ist für mich Handeln, das eigene Privilegien nutzt, um Diskriminierung zu vermeiden, anzusprechen und abzubauen. Mir ist es wichtig, vor allem in Situationen diskriminierungskritisch und privilegienbewusst zu handeln, in denen ich nicht abgewertet werde, also teilprivilegiert oder privilegiert bin.

Doch welches Handeln führt zu dem Ziel Diskriminierungen abzubauen? Manchmal ist es gar nicht so einfach zu benennen, was genau in welcher Situation diskriminierungskritischer und privilegienbewusster Umgang bedeutet. Und wer eine konkrete Antwort auf die Frage »Wie mit Privilegien und Diskriminierungen umgehen?« erwartet hat, die*den muss ich leider enttäuschen. Ich kann dazu keine allgemeingültige und nicht einmal eine ›gültige‹ Antwort für konkrete Situationen geben. Die kommenden Seiten geben lediglich Impulse, die dir dabei helfen können, das für konkrete Situationen jeweils herauszufinden. Klare Handlungsanweisungen sind manchmal einfacher umzusetzen. Ich hoffe ihr bleibt trotzdem mit mir am Ball.

In den folgenden Abschnitten stelle ich Strategien vor, die mir helfen mit Schamgefühlen umzugehen, um sie für privilegienbewusstes und diskriminierungskritisches Handeln zu nutzen. Auf diese Weise versuche ich Scham immer mehr zu umarmen.

# Tag 1:

# Scham wahrnehmen

*Ich sitze vor dem PC. Das Buchmanuskript steckt noch in den Kinderschuhen. Ich versuche Situationen zu erinnern, in denen ich mich geschämt habe, um weiter zu kommen. Schwierig. Sehr, sehr schwierig. Mir fallen keine ein. Wie fühlt sich Scham eigentlich genau an? Ich finde keine passenden Worte dazu. Zu Wut oder Trauer habe ich sofort ein Gefühl und mir fallen Situationen ein, in denen ich traurig und_oder wütend war. Zu Scham jedoch habe ich keinen direkten Zugang. Nehme ich Scham in Situationen überhaupt wahr? Zu Scham hab ich ausschließlich negative Assoziationen. Warum ist das so? Schäme ich mich mich, dass ich mich schäme? Inwiefern passt es in mein Selbstbild, dass ich mich hin und wieder schäme?*

Da mir keine Situationen einfallen, begebe ich mich auf die Suche nach weiteren Texten zu Scham. Ich stoße auf das Buch »Scham – die tabuisierte Emotion« von Stephan Marks. Durch ein Zitat wird mir klar, dass es anderen Menschen wohl auch nicht so leicht fällt Scham zu erkennen: »Schamgefühle können von verschiedener Intensität sein, sie reichen von Verlegenheit oder dem Empfinden von Peinlichkeit bis hin zum umfassenden Gefühl, nichts wert zu sein [...]. Diese Gefühle können so schmerzhaft sein, dass sie abgewehrt werden; dies geschieht oft unbewusst. [...] Weil Scham häufig abgewehrt wird, ist sie oft nur schwer zu erkennen: Sie zeigt sich in verhüllter, versteckter Form.« (Marks 2007: 71)

Scham wird also öfter ent_wahrgenommen, weil sie unangenehm und schmerzhaft ist. Ich hatte mich bereits gefragt, warum ich mich einer Sache zuwenden sollte, die unangenehm für mich ist. Als Grund hatte ich genannt, dass Scham nicht verschwindet, nur weil ich sie nicht spüre. Im folgenden Abschnitt versuche ich mich noch mehr davon zu überzeugen, dass es hilfreich ist, Scham wahrzunehmen.

## Warum Scham wahrnehmen?

Mir kommt es wie eine allgemeingültige Weisheit vor, dass es wichtig ist, eigene Gefühle bewusst wahrzunehmen. Ich habe es schon hundert Mal auf einem Kalenderblatt oder als Glückskeksspruch gelesen. Ist es in bestimmten Kontexten eine soziale Norm?

Gleichzeitig finde ich, dass es auch sinnvoll sein kann, Gefühle zu verdrängen. Ich zumindest habe jahrelang Strategien angewendet, um meine Gefühle nicht wahrzunehmen. Diese Strategien waren meistens – so sehe ich das heute – selbstschädigend. Dennoch waren sie in diesen Situationen die bestmöglichen. Meine Gefühle können mir sagen, wie es mir in und mit bestimmten Situationen geht. Sie können mir außerdem Hinweise auf meine Bedürfnisse geben. Was bringt mir das jedoch, wenn ich meine Bedürfnisse nicht erfüllen kann, weil ich als jugendliche Person zu abhängig bin und manche Dinge einfach unvorstellbar sind? In solch einer Situation möchte ich eventuell gar nicht spüren, was meine Bedürfnisse sind. Es ist zu schmerzhaft, unerfüllbare Bedürfnisse wahrzunehmen. Mittlerweile habe ich mehr Ruhe in mir, und die Rahmenbedingungen, in denen ich lebe, geben mir mehr Fühl- und Denk-Freiheiten. Ich merke, dass es mir mittlerweile besser geht, wenn ich bedürfnisorientiert handle.

Die Stimme von Aabid wurde in den letzten Jahren immer lauter. Er kann gut Bedürfnisse wahrnehmen und nutzt dafür das Wahrnehmen von Gefühlen.

Muss ich alle Gefühle gleichermaßen wahrnehmen? Wut und Ärger spüre ich beispielsweise mittlerweile recht gut. Reicht das nicht? Warum zusätzlich Scham spüren, die Unbehagen in mir auslöst? Aabid hat mir beigebracht, dass unbeachtete Emotionen trotzdem da sind und sich in meinen Körper einschreiben. Sie können zu einem explosiven Gemisch werden und sich irgendwann ihren Weg nach außen suchen. Häufig entladen diese sich dann in Situationen, in denen sie nicht angemessen sind. Ich lade sie schlimmstenfalls ungerechterweise bei Lebewesen ab, deren Handlungen das Fass zum Überlaufen bringen oder die sich nicht wehren können. Audre Lorde schreibt bezüglich dem Sprechen über Diskriminierungen: »Es wird immer diesen kleinen Teil in dir geben, der möchte, dass du über ihn sprichst. Und wenn du es nicht tust, dann wird er immer wütender und immer brennender und wenn du dann immer noch nicht darüber sprichst, dann wird er eines Tages einfach aufstehen und dir von innen ins Gesicht schlagen.«[4] Scham ist für mich wie dieser kleine Teil. Wenn ich sie

4 »There's always that little one piece inside you that wants to be spoken out, and if you keep ignoring it, it gets madder and madder and hotter and hotter, and if you don't speak it out one day it will just up and punch you in the mouth from the inside.« (Lorde 2007: 42)

nicht wahrnehme, implodiere oder explodiere ich. So sucht sie sich ihren Weg nach außen. Das ist am Ende schmerzhafter, als mit Scham bewusst umzugehen und sie umarmen zu lernen. Für mich fängt ein umarmender Umgang mit Scham damit an, sie zu identifizieren. Weil mich Scham mit starken Emotionen, wie beispielsweise Verlustangst überschwemmt, merke ich manchmal gar nicht, was vor sich geht. Brené Brown drückt das so aus: »Wenn wir Scham erleben, fühlen wir uns oft verwirrt, ängstlich und beurteilt. Das macht es sehr schwierig, auf das Bewusstsein zuzugreifen, das wir zur Beurteilung unserer Entscheidungen benötigen. Wir sind vernebelt. So macht uns Scham machtlos. [...] Das Erkennen von Scham ist ein wichtiges Werkzeug, um unsere Macht wiederzugewinnen.«[5]

Ich möchte lernen es nicht zu bewerten, wenn ich Scham wahrnehme. Ich möchte Scham, wie alle anderen Gefühle auch, einladen, sich in mir breit zu machen. Das hilft mir im Nebel klarer zu sehen und Handlungsentscheidungen bewusster zu treffen. Und dann ist da eben noch der Punkt, dass sich Scham für mich in Bezug auf Diskriminierungen und Privilegien als recht relevant herauskristallisiert hat. Ein weiterer Grund das Gefühl

5 »When we experience shame we often feel confused, fearful and judged. This makes it very difficult to access the awareness we need to evaluate our choices. We're in a fog. That's how shame makes us powerless. [...] Recognizing shame is an important tool for regaining our power.« (Brown 2007: 69ff)

wahrzunehmen, ist also, dass es mit Diskriminierung und Privilegien einhergeht. Aber wie genau eigentlich?

## Was hat Scham mit Diskriminierungen und Privilegien zu tun?

*Ich habe in dem Jugendzentrum, in dem ich arbeite, einen Workshop zu Namens- und Personenstandsänderung für trans* und genderqueere Jugendliche organisiert. In der Pause gibt es Kuchen. Eine Person, die zum ersten Mal in dem Jugendzentrum ist, sagt etwas zu der Person, die den Kuchen gebacken hat. Ich schnappe nur das Wort rassistisch auf und nehme Augenrollen einer Schwarzen Person wahr. Ich erstarre im ersten Moment und fühle mich handlungsunfähig. Letztendlich tue ich so, als hätte ich nichts gehört.*

Ich handle normre_produzierend, obwohl ich es als mein Ideal und auch als meinen Job erachte, diskriminierungskritisch zu handeln. Weshalb greife ich nicht ein? Warum handle ich nicht gemäß meiner eigenen Werte?

»Ich mag die Person, die neu zu Besuch ist, nicht gleich vor den Kopf stoßen«, meldet sich Namiko. »Warum vor den Kopf stoßen? Es wäre doch ein Lernangebot. Und das kannst du doch auch nett anbieten«, erwidert Fritzi. Namiko wiederum: »Aber was ist, wenn die Schwarze Person gar nicht gewollt hätte, dass ich was sage?« Fritzi antwortet darauf und beendet die Diskussion: »Komm schon, Namiko! Das ist doch Quatsch! Wir hätten in jedem Fall fragen können, was sich die Person nach der Situation von mir wünscht.« 1:0 für Fritzi. Dennoch habe ich, aus Unsicherheit etwas falsch zu machen, vermeintlich nicht reagiert in der Situation. Vermeintlich, da Wegsehen auch eine Handlung ist.

Am Ende bleibt die Unzufriedenheit mit mir selbst und Jürgens Gedanke: »Wie kannst du das nur so stehen lassen! Das ist ein absolut unprofessionelles Verhalten!« Der Gedanke beschämt mich, Diskriminierung zu beobachten und nicht zu intervenieren.
In Anlehnung an Paul Gilroy benennt Grada Kilomba in *Plantation Memories* Scham als eine Abwehrstrategie von Personen, die in Bezug auf Rassismus privilegiert sind. *Weiße* Menschen durchlaufen (immer wieder) verschiedene Abwehrstrategien, wenn sie sich mit eigenen Privilegien auseinandersetzen, beziehungsweise mit diesen konfrontiert werden. Von Grada Kilomba so benannte Abwehrmechanismen sind »Denial«, »Guilt«,

»Shame«, »Recognition« und »Reparation«, also Verleugnen, Schuld, Scham, Anerkennung und Entschädigung (Kilomba 2010: 22). Sie unterscheidet zwischen Schuld und Scham. Beides definiert die Autorin als emotionale Zustände, in denen eine Person einen Konflikt durchlebt, weil sie etwas hätte tun sollen, was sie nicht getan hat, weil sie sich für ein Nicht_Handeln schämt. Für Grada Kilomba unterscheidet sich Schuld von Scham dadurch, dass Schuld durch eine (vermeintliche) Beschuldigung von außen entsteht. Scham hingegen ist eine emotionale Reaktion auf das Nichterfüllen eines selbstgesetzten Ideals. Ich schäme mich auch durch eine Beschuldigung von außen und sogar, wenn ich entsprechend selbstgesetzter Ideale handle. Demnach kann ich nicht so klar differenzieren, ob die Angst vor Beschuldigung von außen kommt oder ob sich die*der innere Kritiker*in einschaltet.

Ich teile an dieser Stelle noch zwei weitere Situationen, in denen Scham und Diskriminierungen für mich eine Rolle gespielt haben. Hier zunächst eine, in der ich Diskriminierung beobachtet und diskriminierungskritisch und privilegienbewusst, also entsprechend meiner Ideale, gehandelt habe:

*Ich sitze in der Bahn. Eine Person, die ein Straßenmagazin verkauft, läuft durch die Reihen und fragt, ob Leute ein Exemplar kaufen möchten. Die Person ist relativ weit entfernt von mir und nähert sich auch nicht. Denn* *mein*e Sitznachbar*in fängt lauthals an, die verkaufende Person zu beleidigen: Die Person würde stören und solle lieber anfangen etwas Richtiges zu arbeiten. Ich entgegne dem Schreihals: die einzige Person, die mich gerade stört und zwar beim Lesen, bist du. Warum schreist du hier so herum und dazu noch so einen Quatsch? Die schreiende Person versteht den rhetorischen Charakter der Frage nicht und fängt an sich zu erklären. Ich verdeutliche nachhaltig, dass ich nun wirklich gerne weiter lesen möchte. Der Störenfried verstummt und verlässt beim nächsten Halt die Bahn. Die restlichen Leute in der Bahn reagieren nicht sichtbar auf diesen Vorfall. Mein Herz klopft laut. Was denken jetzt die anderen Leute und warum haben sie eigentlich nichts gesagt?*

In diesem Fall habe ich gegen die Abwertung interveniert. Fritzi hat sich durchgesetzt. Ich erlebe häufig, dass Menschen beschämt werden, weil sie nicht im herkömmlichen Sinne erwerbsarbeiten. Erwerbstätig zu sein gilt als klare gesellschaftliche Norm.

In der Situation hat mich die Abwertung nicht direkt betroffen. Ich war Zeug*in und wurde nicht direkt angegriffen. Ich schäme mich sowohl dafür, individuelle Diskriminierung zu beobachten und nicht gemäß meiner eigenen Werte, diskriminierungskritisch zu handeln. Gleichzeitig schäme ich mich, wenn ich interveniere und dabei in Auseinandersetzungen gerate.

Warum schäme ich mich, wenn ich interveniere? Ich handelte entsprechend meiner eigenen Werte und schäme mich trotzdem? Habe ich dadurch meine soziale Anerkennung und Unauffälligkeit in der Situation aufs Spiel gesetzt? In Namiko bricht Panik aus und es dauert eine Weile bis er sich wieder beruhigt hat. Handle ich, wenn ich interveniere gegen gesellschaftliche Normen? Diskriminierungskritisches Handeln, also eigene Privilegien nutzen, um Diskriminierung entgegenzuwirken, ist also keine gesamtgesellschaftliche Norm? Ich beantworte diese Frage spontan mit »Nein«. Viel zu oft bekomme ich Diskriminierung mit, bei der niemensch interveniert. Unterhaltungen sind geprägt von diskriminierender Sprache. Werbung mit Geschlechterklischees ist alltäglich. Öffentliche Räume sind weitestgehend nicht rollstuhlbefahrbar. Die meisten Menschen in meinem Umfeld können keine Länder nennen, die von Deutschland kolonialisiert wurden, da Kolonialgeschichte häufig nicht Teil der Schulbildung ist. Es gibt kein explizites Wissen um die eigenen Verstrickungen in Kolonialrassismus über viele Generationen. Das Gesetz, welches Namens- und Personenstandsänderungen für trans* Personen regelt, ist von 1980 und beinhaltet gewaltvolle Diskriminierungen. Die meisten Menschen kennen dieses Gesetz nicht.

Lann Hornscheidt weist mich darauf hin, dass viele Menschen antworten würden, dass sie sich bereits gegen Diskriminierung einsetzen würden, sie diskriminierungskritisches Handeln als Norm proklamieren. Warum schäme ich mich dann, wenn ich diskriminierungskritisch handle? Warum schritten andere nicht ein, als die Person in der Bahn beleidigt wurde?

Ist bei Diskriminierung einzuschreiten nun eine gesamtgesellschaftliche Norm, oder nicht? Ich denke, die entscheidenden Fragen sind: Was wird als Diskriminierung verstanden?

Häufig ist das, was als Diskriminierung verstanden wird, in meiner Auffassung eher eng gefasst und bezieht sich beispielsweise ausschließlich auf körperliche Übergriffe. Gleichzeitig nehme ich wahr, dass Diskriminierung dann benannt und als besonders schlimm bewertet wird, wenn sie von Dritten ausgeht, von denen sich in der Äußerung distanziert werden kann. Das Benennen von diskriminierendem Verhalten ist dann legitim und norm-erfüllend, wenn Dritte verantwortlich gemacht werden, die eigene Vormachtstellung aber nicht herausgefordert, sondern gesichert wird. Wenn ich in Kontexten, in denen sich Menschen eher weniger mit Diskriminierung auseinandersetzen, etwas als Diskriminierung benenne, wird mein Verständnis häufig als zu weit kritisiert. Ich habe schon oft erlebt, dass ich als »zu empfindlich« dargestellt werde, als zu aggressiv und eng, als Moralapostel und Spielverderber*in oder Spaßbremse. Namiko hat Angst, wegen meines umfassenderen Diskriminierungsverständnisses abgelehnt zu werden oder Abwertung zu erleben. Fritzi findet es zentral, Gewalt breiter zu fassen. Also ja, diskriminierungskritisches Handeln ist eine Norm. Das, was verbreitet als Diskriminierung verstanden wird, deckt sich jedoch nicht mit meinem Verständnis. Diskriminierungskritisches Handeln kann keine allgemeingültige Norm sein, solange es Gruppen gibt, welche eigene privilegierte Vormachtstellungen auf Kosten anderer absichern möchten. Wenn ich – nach meinem Verständnis – diskriminierungkritisch handle, kann es also sein, dass ich dafür beschämt werde, mich nicht angemessen verhalten zu haben.

»Jetzt klingst du etwas sehr heldenhaft«, unterbricht Jürgen. »Du hast doch nicht die Weisheit gepachtet.«

»Das zu behaupten wäre völlig anmaßend«, entgegne ich lächelnd und frage mich dabei, ob da nicht auch Namiko im Spiel war, der Angst hat, dass du mich zu klugscheißerisch findest. Und mehr noch: jeder Mensch – auch ich – verhalte mich ständig diskriminierend. Oft ohne es zu merken. Ob Situationen als diskriminierend (an)erkannt werden und Handeln als notwendig erachtet wird, hängt damit zusammen, inwiefern Menschen bezüglich Diskriminierung sensibilisiert sind und offen dafür sind, eigene Normen zu reflektieren. Es besteht massive Unwissenheit über diskriminierende Zustände – und das ist letztendlich auch ein wichtiger Mechanismus, um Diskriminierung aufrecht zu halten. Ein wesentliches Merkmal von Privilegien ist, dass sie sich selbstverständlich anfühlen und daher nicht wahrgenommen werden. Hierzu einige Beispiele: Genauso, wie viele Menschen das Gesetz zur Namens- und Personenstandsänderung nicht kennen, kenne ich viele Gesetze nicht, die beispielsweise Menschen betreffen, die beHindert werden. Erst seit ungefähr fünf Jahren setze ich mich damit auseinander, was es bedeuten kann *weiß* zu sein – und das ist gerade mal $^1/_5$ meines Lebens. Privilegiert zu sein heißt auch, die Wahl zu haben sich mit etwas zu beschäftigen. Wenn du diskriminiert bist, hast du die Wahl nicht. Marie widerspricht an dieser Stelle: »Dass diskriminierte Menschen nicht die Wahl haben sich mit Herrschaftsverhältnissen auseinanderzusetzen, dem stimme ich nur teilweise zu. Ja, wenn mensch selber diskriminiert wird, dann geht es in einer konkreten Situation um die eigene Person und nicht nur um Ideale. Und ja, in der Situation muss der diskriminierte Mensch sich damit beschäftigen. Aber anschließend gehen Leute unterschiedlich damit um. Um Buffy im Bann der Dämonen zu zitieren: ›You have a choice! You don't have a good choice, but you have a choice!‹ Eine Person kann z. B. entscheiden, ob sie sich im Anschluss an die Situation weiter damit beschäftigt oder nicht und in welcher Form. Es gibt z. B. Frauen, die es Bullshit finden, über Sexismus zu sprechen, auch wenn sie sicher in ihrem Leben oft davon betroffen sind.« Menschen haben also immer ein Stück Handlungsfreiheit. Ich wurde im Schulunterricht nicht angehalten über eigene Privilegien nachzudenken. Es bleibt der Motivation einzelner Menschen überlassen, wie weitgehend Auseinandersetzungen mit Diskriminierung und Privilegien vor sich gehen. Ich bewege mich glücklicherweise auch manchmal in Kontexten, die mich motivieren, mich weiterhin bezüglich (verinnerlichter) Diskriminierung zu sensibilisieren. Und es sind glücklicherweise viele Informationsquellen bei youtube oder in Form von Büchern, Liedern oder Artikeln kostenlos zugänglich. Zu privilegienbewusstem und diskriminierungskritischem Handeln gehört für mich, sich aktiv zu informieren und zuzuhören, um Situationen erkennen zu können, gegen die ich einschreiten möchte. Gleichzeitig merke ich es manchmal selbst nicht, wenn ich Diskriminierung erlebe. Ich habe Diskriminierung verinnerlicht – auch solche, die mich abwertet. »Der abwertende Blick der anderen wird in sich selbst aufgenommen und wird zum abwertenden Blick auf sich selbst.« (Marks 2007: 43)

Bisher habe ich Situationen geschildert, in denen ich nicht direkt angegriffen wurde. Zuletzt teile ich eine Situation, in der ich selbst direkt diskriminiert werde, mich für mich selbst schäme und in der ein abwertender Blick auf mich selbst ebenfalls deutlich wird:

*Auf meiner EC-Karte steht zu dem Zeitpunkt noch der Name, der mir bei der Geburt von meinen Eltern gegeben wurde. Wenn Menschen diesen Namen hören, denken die meisten, dass es sich bei diesem Menschen um eine Frau oder ein Mädchen handelt. Ich werde mittlerweile auf der Straße als männlich wahrgenommen. Wenn ich in manchen Läden mit EC-Karte bezahlen möchte, muss ich den Kassenbon unterschreiben. Danach gleichen die abkassierenden Menschen die Unterschrift mit der auf der Karte ab und sehen somit den Namen darauf. Damit ich nicht in Erklärungsnot komme weil mir an der Kasse nicht geglaubt wird, dass es sich um meine EC-Karte handelt, zahle ich nur in Läden mit Karte, bei denen ich eine Pin eingeben muss. Dabei muss ich meine Karte nicht aus der Hand geben. Und zum Glück funktioniert bei dem Supermarkt bei mir um die Ecke Kartenzahlung mit Pin-Eingabe. Ich komme von der Arbeit und will in diesem noch eben etwas für das Abendessen einkaufen. Ich habe großen Hunger. Endlich bin ich mit Zahlen an der Reihe. Aber schwups-die-wups! Dreht die Person an der Kasse das EC-Karten-Gerät nach der Pineingabe zu sich, entnimmt selbst die Karte und schaut auf den Namen. Ihr Gesicht spricht Bände. Meines wird knallrot. Ich stammele irgendetwas in einer extra hohen Stimme vor mich hin: »Doch…! Meine Karte! Kann Perso zeigen!« Ich krame hektisch meinen Personalausweis, auf dem ebenfalls mein Geburtsname steht, aus der Tasche und laufe so schnell ich kann aus dem Laden.*

Diese Situation war mir unfassbar peinlich. Warum eigentlich? Namiko beantwortet die Frage so: »Erst denken wahrscheinlich alle, dass ich kriminell bin und nach dem Ausweisen wissen alle Menschen an der Kassenschlange, dass ich trans* bin.« Schäme ich mich dafür, dass ich trans* bin? Werde ich nicht nur dafür beschämt, wenn ich mich nicht norm-erfüllend verhalte, sondern auch, wenn ich als nicht-normalpositioniert eingelesen werde? Ist diskriminiert werden auch eine Form von beschämt werden? Werde ich beschämt weil ich trans* bin, obwohl ich mich nicht normabweichend verhalte? Handlung und handelnde Person lassen sich nicht voneinander trennen. Zuerst wird wahrgenommen wer handelt und dementsprechend wird die Handlung bewertet. Lian nennt ein Beispiel bezüglich Klassismus:

Unter Klassismus verstehe ich, in Anlehnung an Tanja Abou, »Diskriminierung aufgrund der sozialen Herkunft.«

»Wenn ich mich beispielsweise in einem Akademiker*innen-Kontext bewege, merken Leute, dass ich nicht aus diesem Kontext komme, egal, wie sehr ich mich anstrenge.« Dieses Gefühl kenne ich ebenfalls. Um es dennoch zu verstecken, bemühte ich mich Aussagen besonders hochtrabend zu formulieren. Marie fragt mich: »Was ist, wenn du dich mit Menschen umgibst, die nie zur Uni gegangen sind – hast du dann auch das Gefühl, nicht normalpositioniert zu sein, weil du als einzige Person akademische Bildung und Abschlüsse hast? Schämst du dich oder fühlst du dich dann wertlos, eben weil du akademische Bildung hast?« Als Person, die eine Bildungsreise vollzogen hat, kenne ich beide Gefühle: einmal bin ich nicht akademisch genug. Das andere mal arbeite ich nicht richtig, da ich nur Bücher lese. Gesellschaftlich bin ich jedoch mit einem Hochschulabschluss privilegiert und somit entspricht das der Normalpositionierung. Im Gegensatz dazu wertet Diskriminierung ab und stellt einen Menschen als nicht zugehörig her. Und diese Diskriminierungen haben alle verinnerlicht – um zu überleben und um sich anzupassen in einer Gesellschaft, die durch Diskriminierung geprägt ist. Ich habe in akademischen Kontexten verinnerlicht, dass es beschämend ist Arbeiter*in zu sein. Gleichzeitig wissen nicht alle Menschen in meinem Umfeld automatisch meinen Hintergrund, oder, dass ich trans* bin. Wie geht es Menschen, deren Abweichung von der Normalpositionierung immer offensichtlich ist? Wie wäre mein Verhältnis zu Scham, wenn ich beHindert würde und so auch eingelesen würde? Oder als Person of Color? Mit Sicherheit beeinflusst meine soziale Positionierung mein Verhältnis zu Schamgefühlen.

An dieser Stelle sei zu betonen, dass es mir in keiner Weise darum geht, immer und überall zu intervenieren, sobald Ungerechtigkeit ausgeübt wird. Ich finde, es ist völlig okay, in bestimmten Situationen nicht zu intervenieren. Ich kann mich beispielsweise dafür entscheiden nicht einzuschreiten, weil es mir gerade nicht gut geht oder die Situation zu gefährlich ist. Von Jürgen kenne ich den Druck sehr gut, in jeder Situation ›richtig‹ intervenieren zu müssen, wenn mensch diskriminiert wird. Es ist gleichzeitig völliger Quatsch. Aber es fühlt sich auf jeden Fall anders an, wenn ich mich dafür entscheide nicht zu intervenieren, weil ich Angst habe, als wenn mich ein undefinierbarer Gefühlscocktail erstarren lässt. Mein Ziel ist es, mich dafür oder dagegen zu entscheiden und nicht mit einem inneren Stimmenchaos gefühlt handlungsunfähig daneben zu stehen. Und dabei kann mir das Wahrnehmen von Scham helfen. Sie kann mich auf eine Situation hinweisen, in der konkurrierende Normen gleichzeitig auftreten. Wenn ich das registriere, kann ich überprüfen, welche davon meine eigenen Werte sind. So erkenne ich, wenn ich mich in einem inneren Konflikt befinde zwischen sozialen Normen und eigenen Werten oder unterschiedlichen Werten in mir. Dieser Konflikt tritt eben häufig auf, wenn Diskriminierung im Spiel ist. Weiterhin kann ich überprüfen, gemäß welcher Normen ich in einer konkreten Situation handeln mag oder kann. Auch, wenn mir der Normenkonflikt erst im

Nachhinein bewusst wird und ich bereits gegen meine eigenen Werte gehandelt habe, kann ich mir überlegen, was mir helfen kann, mich beim nächsten Mal anders zu verhalten.

**FRAGEN ZUM WEITERDENKEN UND AUFSCHREIBEN:**

Fällt dir eine Situation ein, in der du Diskriminierung beobachtet, aber nicht interveniert hast? Wie ging es dir dabei? Fällt dir eine Situation ein, in der du Diskriminierung beobachtet und interveniert hast? Wie ging es dir wiederum dabei?
Denk darüber nach, wie deine Positionierung dein Verhältnis zu Scham beeinflusst. Kannst du verstecken, dass du – wie wahrscheinlich die meisten Menschen – nicht der Normalpositionierung entsprichst? Wenn ja, kennst du die Angst vorm Auffliegen, die Angst vor der Beschämung? Wenn du es nicht verbergen magst oder kannst, wie gehst du damit um? Ist dir deine Positionierung manchmal peinlich? Oder möchtest du manchmal sichtbarer sein, um in bestimmten Räumen gesehen und anerkannt zu werden? Wie geht es dir damit, diese Gefühle wahrzunehmen, auch die schwierigen? Hast du mit dem Gefühlscocktail, der dich überflutet, wenn du

etwas diskriminierendes beobachtest, auch schon Bekanntschaft geschlossen? Erinnere dich an Situationen, in denen es so war und denke noch einmal daran. Lässt der Gefühlscocktail dich auch hin und wieder erstarren? Fällt es dir leicht Scham wahrzunehmen? Welche Strategien kennst du, um Scham zu ent_wahrnehmen? Schreib sie so konkret und detailliert wie möglich auf. Oder sammele sie im Gespräch mit anderen. Erinnerst du dich an Situationen, in denen du eine der genannten Strategien angewendet hast?

## Eigene Ängste benennen, als Strategie Scham wahrzunehmen

Friedemann Schulz von Thun schlägt Umgangsweisen mit Konflikten zwischen inneren Teammitgliedern vor. Dabei ist es hilfreich zunächst wahrzunehmen, welche inneren Stimmen im konkreten Konflikt anwesend sind. Dass in Situationen, die diskriminierend sind, ein innerer Konflikt auftritt, habe ich weiter vorne erläutert. Welche Stimmen werden laut, wenn ich Scham erlebe? In erster Linie und als sehr lauter Zeitgenosse äußert sich Namiko, der Angst hat, von anderen nicht mehr gemocht zu werden – jetzt wo dieser beschämende Teil sichtbar wurde. Auch Brené Brown benennt in ihrer Definition von Scham diese Angst: Scham kann übersetzt werden mit der Angst, dass mich Menschen nicht (mehr) mögen, weil ich einen Teil von mir zeige, von dem ich ausgehe, dass andere diesen unsympathisch finden. Lian ergänzt: »Situationen, die bei mir mit Scham verknüpft sind:

- Andere legen einen Teil von mir (gewaltvoll) offen, den ich nicht öffentlich machen möchte [...] (z. B. öffentliches Fremd-Outing)
- Andere nehmen etwas über mich an, was nicht mit meinem eigenen Selbstbild übereinstimmt [...] und was ich evtl. ablehne/gegen meine Normen spricht (z. B. mir wird eine Identität zugeschrieben, [...] die aber nicht meine Identität ist).«

Die Definition von Brené Brown, dass Scham Angst vor Abwertung ist, macht es mir leichter, Situationen zu erinnern, in denen ich mich geschämt habe, wie beispielsweise diese:

*Wir führen zu Beginn der Teamsitzung auf Arbeit jedes Mal ein Runde durch, in der jede Person Namen und Pronomen sagt und wie es ihr geht. Außerdem denken wir uns noch eine Zusatzfrage aus. Dieses Mal wurde folgende Zusatzfrage ausgewählt: »Welche Geschichte fällt dir zu deinem Namen ein?« Folgendes wird geantwortet: »Meine Mutter hat mich nach einem Buch benannt.« »Meine Eltern nach einem Lied.« »Ich als Trans*person mag die Frage nicht beantworten. Für mich fühlt sich das komisch an, da bisher fast alle Geschichten darauf be-*

*zogen waren, warum die Eltern den Namen gewählt haben. Meinen Namen haben meine Eltern nicht gewählt«, antwortet Flo*, eine ehrenamtliche Person. Es herrscht betretenes Schweigen in der Runde. Ich bin diese Fragen zu meinem Namen ebenfalls leid: Woher kommt dein Name? Ist dein Name deutsch? Warum genau der Name und kein anderer? Wie wird dein Name geschrieben? … Meine Namensgeschichte ist für mich ziemlich intim. Und dann solch eine Frage in einer Einstiegsrunde. Ich habe eine Geschichte über einen Namen erzählt, den ich nicht trage. Eine lustige Geschichte. So habe ich mich aus der Situation heraus manövriert. Warum habe ich als hauptamtlich arbeitende Person die Zusatzfrage nicht kritisiert? Habe ich mich der Verantwortung entzogen? Was empfinde ich bei dem Gedanken daran, zurückzumelden, dass für mich die Frage doof war? Mein Herz rast schneller.*

Hatte ich Angst? Wenn ja, wovor? Logisch ist das nicht. Ich bin durch die Projektkoordination an dieser Stelle in einer absoluten Machtposition. Audre Lorde schreibt: »Und selbstverständlich habe ich Angst, denn die Umwandlung von Schweigen in Sprache und Handlung ist ein Akt der Selbstoffenbarung, und das bringt Unsicherheiten mit sich.«[6] Selbstoffenbarungen – hat-

6 »And of course I am afraid, because the transformation of silence into language and action is an act of self-revelation, and that always seems fraught with danger.« (Lorde 2007: 42)

te ich Angst davor, einen Teil von mir zu offenbaren? Hatte ich Angst mich zu zeigen? Angst davor, mich als diskriminiert zu erkennen zu geben? Hatte ich Angst, dass andere sich wegen mir schlecht fühlen und mich dann deswegen vielleicht nicht mehr mögen? Und vor allem: habe ich wahrgenommen, dass ich Angst habe? Es hilft mir, folgendes zu wiederholen, um mich an »Schamsituationen« zu erinnern: Scham tritt in Momenten auf, in denen ich Eigenschaften von mir preisgebe, von denen ich befürchte, dass andere sie abwerten. Hätte ich diese Angst jemals identifiziert, wenn ich nicht darüber geschrieben hätte? Um die Stimmen in mir zu erkennen, hilft mir das Aufschreiben von Situationen sehr. Es bringt mich in Kontakt mit mir selbst. Für Jay Keim, Autor*in des Blogs virtualretreatcenter.blogspot.com, ist Schreiben ebenfalls eine Strategie, im Kontakt mit sich selbst zu sein: »Mein wichtigster Kontaktpunkt mit mir selbst sind meine täglichen Morgenseiten. Die Idee hab ich aus Julia Camerons ›Der Weg des Künstlers‹. [...] Jeden Morgen schreib ich als allererstes drei Seiten per Hand, einfach das, was auch immer geschrieben werden möchte – ohne Zensur und ohne Stildruck. So komm ich mit mir in den Kontakt und höre mir drei Seiten lang selbst zu. Für mich ist mein Selbst-Zuhören eine Möglichkeit, Verantwortung für mein Leben zu übernehmen. Ich höre, worüber ich mich beklage, worüber ich mich freue, wofür ich dankbar bin und was mich beschäftigt. Ich merke, ob ich viel über Vergangenes nachdenke oder über die Zukunft grüble. Ich bin einfach nur für mich selbst, meine Gedanken und Gefühle da. Im Anschluss kann ich etwas mit dem Gehörten machen. Manchmal muss ich wochenlang über meine Wünsche schreiben, bevor ich ihnen wirklich Gehör gebe und merke, dass da etwas erfüllt werden möchte. Aber egal wie lange es dauert und wie ich dann etwas realisiere, am Anfang steht, mir selbst zuzuhören.« (Keim 2013a)[7]

Ich habe schon so oft versucht, es zum Teil meiner Morgenroutine werden zu lassen, Morgenseiten zu schreiben. Ich möchte nochmal damit anfangen. Ab sofort werde ich meinen Wecker täglich 15 Minuten früher stellen und als erstes zu Stift und Notizbuch greifen. Spoiler: Aufschreiben von Gedanken hilft mir nämlich bei allen Strategien. Friedemann Schulz von Thun schlägt vor, nach der Identifikation der einzelnen Stimmen, diesen jeweils ohne Unterbrechung zuzuhören als nächsten Schritt, um einen inneren Konflikt zu managen. Auch das fällt mir beim Aufschreiben leichter.

Schreiben ist etwas, das vor allem nach einer Situation möglich ist, um zu reflektieren. Eigentlich wäre es auch witzig zu sagen: »Warte bitte mal kurz. Ich muss kurz aufschreiben, was meine inneren Anteile so sagen, bevor ich weiter agieren kann.« Ansonsten – was hältst

7 Auf der Homepage von Julia Cameron http://juliacameronlive.com findest du außerdem ein Video zu Morgenseiten.

du davon, erst einmal durchzuatmen? Realistisch gesehen ist es in Situationen direkt selten möglich, Dinge aufzuschreiben. Daher finde ich Atem als Instrument, um bei sich zu bleiben, oder zu sich zu kommen, hilfreich. Durch Reiten habe ich gelernt, wie stark der Atem Anspannung im Körper beeinflussen kann. Beim Ausatmen entspannen sich die Muskeln. Wenn ich den Atem anhalte, versteift sich mein ganzer Körper, sodass es nicht mehr möglich ist, mit dem Pferd zu kommunizieren. Durch ein bewusstes Ein- und Ausatmen kann ich die Frequenz verändern, also mehr oder weniger die Geschwindigkeit, in dem sich das Pferd bewegt.

Ein Zitat von Brené Brown beschreibt ebenfalls die Bedeutung des Atems, um Zugang zu den eigenen Emotionen zu bekommen: »Wenn ich Scham spüre, dann weiß ich, dass ruhig zu werden und tief durchzuatmen mir hilft, wieder emotional auf die Füße zu kommen.«[8] In schamerfüllten Momenten kann Atmen erden, wieder in den Moment zurück bringen, die Distanz zu mir verringern und mir helfen es auszuhalten, Scham wahrzunehmen. Hilfreich dafür erachte ich eine Atemübung von Matt, die in der Dissertation »Breathing Matters« geteilt wird. (Górska 2016: 195).

8 »I know that staying quiet and taking deep breath helps me get back on my emotional feet when I feel shame.« (Brown 2007: 215)

Atme durch deine Nase ein und zähle dabei bis vier.
Halte den Atem vier Sekunden lang an.
Eins
Zwei
Drei
Vier
Atme durch den Mund aus und zähle dabei bis sechs.
Lasse deine Lunge für 6 Sekunden leer.
Eins
Zwei
Drei
Vier
Fünf
Sechs
Der Kreislauf beginnt von vorne.
Atme durch deine Nase ein und zähle dabei bis vier.

## FRAGEN ZUM WEITERDENKEN UND AUFSCHREIBEN:

Was hilft dir Gefühle wahrzunehmen? Was denkst du über den den Zusammenhang von Bedürfnissen und Gefühlen? Gab es Momente in deinem Leben, wo es unmöglich erschien, gemäß deiner Bedürfnisse zu leben? Wann ist es für dich besser, Emotionen wahrzunehmen? Hat sich daran bis heute was geändert? Fällt es dir auch leichter, bestimmte Gefühle wahrzunehmen als andere? Was hat das (vielleicht) mit deiner Positionierung zu tun?
Wie fühlt sich Scham für dich an? Welche körperlichen Reaktionen empfindest du, wenn du dich schämst? Was hilft dir Zugang zu deinem Innenleben zu bekommen? Schreiben, atmen, baden, Sport, reden mit anderen? Auch verschiedene Entspannungspraktiken, wie Yoga, autogenes Training, Meditation, Thai Chi oder progressive Muskelrelaxation nutzen Atem, um bei sich anzukommen. Hast du schon einmal ausprobiert, ob etwas davon hilfreich für dich ist?

# Tag 2: Selbstabwertung verstehen

*Ich hatte gerade Reitunterricht und räume Sattel und Putzkasten weg. Dabei laufe ich an einer Gruppe Menschen vorbei. Ich bekomme mit, dass sie zusammen über eine Person sprechen. Die Person wird von ihnen als unzuverlässig bewertet. Zusätzlich werden dickendiskriminierende Dinge über sie gesagt. Ich gehe stumm an der Gruppe vorbei. Die Situation beschäftigt mich noch eine Weile. Ich spüre im Nachhinein vor allem Wut: Je länger ich darüber nachdenke, desto mehr ärgere ich mich über mich selbst: »So, so… mal wieder nicht interveniert!« Meine innerere Zensorin, Jürgen, hält mich für einen Versager.*

Wollte ich in dieser Situation, in der ich nicht direkt und selbst abgewertet wurde, nicht erst recht intervenieren? Jaaa. Eigentlich schon… Ich erlebe keine gegen mich gerichtete Dickendiskriminierung, und mein Grundsatz ist, dass ich dann erst recht solidarisch sein und Abwertungen nicht stehen lassen möchte. Ich schäme mich, weil ich es nicht getan habe. Ich nutze Scham als klassische Abwehrreaktion nach Grada Kilomba.

Jürgen: »Sehr gut! Dann bleibt ja alles beim Alten! Und warum schreibst du eigentlich nochmal dieses Buch? Du könntest es eigentlich auch gleich lassen…«

»Stopp! Hör auf so harsch sein«, unterbricht Fritzi die Selbstabwertung und reflektiert: »Denk doch mal nach: Kennen wir nicht die Erfahrung wegen eines angeblich zu dicken Körpers gehänselt zu werden? War die Angst zu dick zu sein nicht jahrelang unheimlich präsent und ist es manchmal immer noch?« Diskriminierung und Privilegierung sind veränderbar, kontextabhängig und miteinander verwoben. Wenn ich nicht eingreife, und mich danach dafür fertig mache, führe ich die Gewalt der Situation gegen mich weiter. Ich mache mich klein, fühle mich ohnmächtig und handlungsunfähig. Selbstabwertung setzt Diskriminierung fort. Gut gemacht, Jürgen. Die Fortsetzung von Gewalt ist dir durch deinen Druck sicher. Ein Zitat von Brené Brown stützt diese Erkenntnis zu Selbstabwertung: »Und es ist nicht immer eine andere Person, die uns erniedrigt oder abwertet; die schmerzhaftesten Beschämungen gehen von uns selbst aus.«[9] Ich lese mir das Zitat mehrmals durch.

Reagiere ich mit Selbstabwertung, wenn ich nicht entsprechend meiner Ideale diskriminierungskritisch handele und mich eigentlich dafür schäme? Mit Sicherheit habe ich – so doof es auch klingen mag – einen Nutzen davon, dass ich mich selbst abwerte, sonst würde ich es ja nicht tun. Was könnte ein Nutzen sein? Werte ich mich lieber selbst ab, bevor es andere tun? Schütze ich mich auf diese Art und Weise davor, von anderen verletzt zu werden? Ist Jürgen die Alternative zu Namiko, der im letzten Kapitel den Flug angeführt hat? Dienen mir Jürgens unerfüllbare Ansprüche als Absicherung, immer einen Grund zu haben, sauer auf mich zu sein? Fühle ich Wut auf mich selbst (Jürgen) manchmal lieber als Angst verletzt zu werden (Namiko)? Selbstabwertung lässt mich aktiv und handlungsfähig fühlen.

## Warum Selbstabwertung verstehen wollen?

Selbstabwertung hat einen Nutzen. Ich habe mich einige Jahre meines Lebens selbst verletzt. Dieses Verhalten deute ich als eine Form der Selbstabwertung, auch wenn

9 »And it's not always someone else putting us down or judging us; the most painful shame experiences are selfinflicted.« (Brown 2007: xvi)

es sicherlich für unterschiedliche Menschen Unterschiedliches bedeuten und einen jeweils anderen Nutzen haben kann. Als ich mich in therapeutischen Settings befand, wurde ich oft dafür sanktioniert. Beispielsweise ist das Gespräch mit meiner Therapeutin mich abstrafend ausgefallen. Das fand ich damals und finde ich auch heute noch mächtigen Quatsch.

Im folgenden Abschnitt beziehe ich mich auf selbstabwertende Gedanken und nenne Gründe, die dafür sprechen, darauf hinzuarbeiten, diese zu stoppen:

1. Eine ›erfolgreiche‹ Strategie, um sich von sich selbst zu distanzieren und Scham zu ent_wahrnehmen ist Selbstabwertung. Sie ist Scham vorgeschaltet. Ich spüre eher den Hass auf mich selbst als Scham. Ich hatte bereits offengelegt, warum ich Scham spüren möchte, weshalb ich Scham umarmen und weiterziehen lassen will, statt mich immer und immer wieder durch Selbstabwertung von eigenen Gefühlen zu distanzieren.

2. Sich selbst abzuwerten ist langfristig kontraproduktiv, wenn ich diskriminierungskritisch Handeln will: Wenn ich von der Gewalt nicht direkt betroffen bin und mich selbst im Nachhinein dafür abwerte, dass ich meinem Anspruch nicht nachgekommen bin immer gegen Diskriminierung aktiv zu sein, verändert das nichts an der Situation. Ganz im Gegenteil. Als Person, die sich selbst klein hält, werde ich beim nächsten Mal vielleicht noch weniger den Mut aufbringen einzugreifen und entsprechend meiner Ideale zu handeln.

Ständige Selbstabwertung hat Einfluss auf mein Selbstbild. Ich stoße auf ein Zitat von Brené Brown: »Es ist unmöglich, Menschen durch Beschämung oder durch Erniedrigung zu motivieren sich zu verändern [...]. Scham zersetzt den Teil von uns, der sich für veränderungsfähig hält.«[10]

3. Selbstabwertung ist Selbstbeschämung und diskriminierendes Handeln mir selbst gegenüber.

Eigentlich scheint es offensichtlich, dass Selbstabwertung und Erniedrigung selbstbeschämend ist. Interessanterweise bin ich auf diesen Aspekt als letztes gekommen. Ich setze die Gewaltspirale durch Selbstbeschämung sogar in Situationen fort, in denen ich von anderen bereits abgewertet worden bin:

*Eine Person verhält sich mir gegenüber herablassend. Ich frage mich, warum sie so gemein zu mir ist. Denkt sie ich bin schwul? Denkt sie das, weil ich eine so hohe Stimme habe? Ich hasse meine Stimme. Warum ist sie trotz Testo nicht tiefer?*

Ich suche den Fehler und die Schuld für eine Abwertung, die ich erfahre, bei mir selbst und werte mich zusätzlich selbst ab. Nun könnte ich mich dafür abwerten, dass ich so »doof« bin und mich selbst abwerte. Wie ulkig. Diese Spirale lässt sich endlos fortsetzen.

10 »You cannot shame or belittle people into changing [...]. Shame corrodes with the very part of us that believes we are capable of change.« (Brown 2014: 197)

Hannah Gadsby, eine lesbische Comedian, erklärt in ihrer bewegenden Show Nanette, warum sie keine Lust mehr hat Comedy zu betreiben, bei der sie sich über eigene Abweichungen von der Normalpositionierung lustig macht: »Ich habe meine Karriere auf Selbstironie aufgebaut. [...] Und ich will das nicht mehr so weitermachen. Verstehen Sie, was Selbstironie bedeutet, wenn es von jemensch kommt, der bereits nur am Rande der Gesellschaft existieren darf? Das hat nichts mit Demut zu tun, sondern mit Demütigung. Ich erniedrige mich selbst, um zu sprechen, um die Erlaubnis zu erhalten, sprechen zu dürfen. Und das werde ich mir einfach nicht mehr antun. Nicht für mich selbst und nicht für die Menschen, die sich mit mir identifizieren.«[11]

Ich möchte ebenfalls Selbsterniedrigung beenden. Mir hat es geholfen, mich mit verinnerlichter Diskriminierung auseinanderzusetzen, um mich – mal mehr, mal weniger – von Selbstabwertung zu distanzieren und aus der Gewaltspirale immer wieder mal auszusteigen.

11 »I built a career out of self-deprecating humor. [...] And I don't wanna do that anymore. Because do you understand what self-deprecating means when it comes from somebody that already exists in the margin? It's not humility. It's humiliation. I put myself down in order to speak, in order to seek permission to speak. And I simply will not do that anymore. Not to myself and to nobody that identifies with me.« (Gadsby 2018: Min. 17-18).

## Welcher Zusammenhang besteht zwischen Scham, (verinnerlichter) Diskriminierung und Selbstabwertung?

Ich werte mich ab, wenn ich es nicht schaffe, meinen eigenen Ansprüchen – diskriminierungskritisch und privilegienbewusst zu handeln – gerecht zu werden. In Situationen, in denen ich nicht direkt diskriminiert werde und selbst in solchen, in denen ich direkt Abwertung erfahre, bin ich unzufrieden mit mir und meinem Verhalten. Ich beschäme mich selbst, nachdem ich bereits abgewertet wurde. Warum reagiere ich mit Selbstabwertung, wenn ich Diskriminierung mit_erlebe? Das Konzept der internalisierten Unterdrückung von Paulo Freire gibt mir eine Antwortmöglichkeit. Sein bekanntestes Buch ist *Pädagogik der Unterdrückten.* Unterdrückung bedeutet für Paulo Freire, dass »eine Instanz A eine Instanz B tatsächlich ausnutzt [...]. Unterdrückung beginnt mit einem Akt der Gewalt. Eine Person, die Macht hat, hat ebenfalls die Möglichkeit, Gewalt auszuüben. Macht wird von Generation zu Generation übertragen.«[12] Nach

12 »Instance in which ›A‹ objectively exploits ›B‹ [...]. Suppression begins with an act of violence. The person who has power is able to exercise violence. Power is transmitted from generation to generation.« (Freire 2007: 55).

dieser Definition verstehe ich Unterdrückung als Synonym für Diskriminierung.

Was ist nun verinnerlichte Unterdrückung, beziehungsweise verinnerlichte Diskriminierung? Sie kann eine unbewusste Reaktion auf Diskriminierungserfahrungen sein: Menschen, die diskriminierten Gruppen angehören, glauben oft selbst an die negativen Vorurteile über »ihre Gruppe«. Dies macht beispielsweise das innere Coming-out zu einer Herausforderung. Mit inneres Coming-out meine ich, dass sich eine Person zum Beispiel darüber bewusst wird, dass das eigene Begehren nicht der Norm entspricht heterosexuell zu sein. Wie schwer ist es mir gefallen das erste mal queere Räume zu betreten? Bin ich wirklich eine*r dieser Lesben oder Schwulen? Wie kann ich zu Leuten gehören, die so komisch sind? Dieses Komisch-Sein hängt für mich rückblickend viel mit verinnerlichten Vorurteilen zusammen. Diese können einerseits zur Selbstabwertung und andererseits zur Abwertung anderer Menschen der eigenen oder anderer diskriminierter Gruppen führen. Menschen, die Diskriminierung erleben, werden so selbst zu Unterdrücker*innen. Sie ahmen unterdrückende Verhaltens- und Denkweisen nach. Der Druck, sich als möglichst normalpositioniert darzustellen, macht Solidarität zu sich selbst, zu der eigenen und zwischen marginalisierten Gruppen schwierig. »Teile und herrsche« ist eine mächtige Strategie, um Herrschaftsverhältnisse zu erhalten.

Hannah Gadsby beschreibt eindringlich in der bereits erwähnte Show *Nanette* ihr Coming-out und verinnerlichte Homodiskriminierung:

»Für mich war es nicht leicht, mich [als lesbisch, Anm. S.B.D.] zu outen: […] 70 Prozent der Menschen, zwischen denen ich lebte, waren der Meinung, dass Homosexualität strafbar sein sollte. 70 Prozent der Menschen, die mich aufzogen, die mich liebten, denen ich vertraute, glaubten, dass Homosexualität eine Sünde ist […]. Als ich mich dann selbst als lesbisch identifizierte, war es bereits zu spät. Ich war selbst bereits homodiskriminierend. Und das kannst du nicht so schnell abschalten, sondern du hasst dich selbst. Du hasst dich selbst abgrundtief. Ich blieb zehn Jahre lang nach außen ungeoutet und badetet in Scham. Aber ungeoutet zu sein, schützt dich lediglich davor, gesehen zu werden. Es schützt dich nicht vor Scham. Wenn du als Kind in Scham gebadet wurdest, können sich bestimmte neurologische Bahnen nicht entwickeln, die bestimmte Gedanken transportieren. Ihr wisst schon: Solche Gedanken, die Selbstwert transportieren. Das konnte ich nicht. Selbstabwertung ist immer nur ein kleiner Samen, der von außen eingepflanzt wird. Aber wenn das einem Kind angetan wird, dann wächst der Samen immer größer und wird zu riesigem Unkraut, das verdammt dick ist und unfassbar schnell wächst, sodass dieses Kind es gar nicht anders kennt. Selbstabwertung wird so natürlich wie die Schwerkraft.«[13]

Hannah Gadsby beschreibt für mich stimmig, wie sich Diskriminierung in die Körper von Menschen einpflanzt und zu Selbsthass verwandelt und welche Rolle Scham dabei spielt.

Ich bevorzuge das Wort »Homodiskriminierung« gegenüber dem Wort Homophobie im Originalzitat. Phobie ist der psychopathologische Begriff für panische Angst. Ein Beispiel dafür ist soziale Phobie. Menschen, die eine Phobie haben oder zugeschrieben bekommen, leiden häufig darunter; nicht zuletzt wegen gesellschaftlicher Stigma-

13 »Because the closet for me was no easy thing to come out of: […] 70 percent of the people I lived amongst, believed that homosexuality should be a criminal act. 70 percent of people who raised me, who loved me, who I trusted, believed that homosexuality was a sin, […]. To the time I identified as gay, it was too late. I was already homophobic. And you just do not get flick a switch on that. What you do is to internalize that homophobia and you learn to hate yourself; hate yourself to the core. I set soaking in shame in the closet for ten years. But the closet can only stop you from being seen. It is not shame-proof. When you soak a child in shame, it cannot develop the neurological pathways that carry thoughts. You know: carry thoughts to selfworth. I can't do that. Selfhate is only ever a seed, planted from outside in. But when you do that to a child it becomes a big weed so thick and grows so fast a child doesn't know any different. It becomes as natural as gravity.« (Gadsby 2018: Min. 40-42)

tisierung. Ich finde es unpassend, den Begriff Phobie mit Gewalt und Abwertung in Verbindung zu bringen.

## Innerer Dialog (über Fehler – und Atmen) als Strategie, Selbstabwertung zu stoppen

Paulo Freire schreibt, dass es schwer ist, sich selbst als gleichwertig zu verstehen, solange Normalpositionierung als wertvoller und Abweichung davon als fehlerhaft betrachtet wird. Seiner Meinung nach sollen marginalisierte Menschen den Glauben verwerfen, dass sie weniger wert sind, und sich vorstellen, handlungsmächtig zu sein. (vgl. Freire 2007: 45f) Nichts leichter als das, oder? #Ironie. Wie kann ein Selbstwert- und Selbstwirksamkeitsgefühl entstehen? Im Kontext von Diskriminierung haben sich Menschen schon immer damit auseinandergesetzt, wie Selbstermächtigung verwirklicht werden kann. Zum Beispiel war das nach dem zweiten Weltkrieg in kolonialisierten Ländern der Fall. Ab 1960 wurden Überlegungen unter dem Begriff Empowerment diskutiert. Hierzu kann ich die Broschüre *Empowerment aus der People of Color-Perspektive. Reflexionen und Empfehlungen zur Durchführung von Empowerment-Workshops gegen Rassismus* von Halil Can empfehlen.

Um mit Selbstabwertung empowernd umzugehen, ist es hilfreich, Selbstbeschämung und verinnerlichte Diskriminierung als Anteil des inneren Teams zunächst wahrzunehmen. Genau wie bei Scham und Angst, bekomme ich in meinem Alltag selten mit, wenn ich mich selbst abwerte. Brené Brown schreibt: »Das Ziel ist es, schnell zu erkennen, wenn wir uns schämen, um zu verhindern, dass wir um uns schlagen.«[14] Und ich würde ergänzen: oder uns davor zu bewahren uns selbst abzuwerten.

Beim Schreiben des Buches wurde mir bewusst, dass in mir hauptsächlich Jürgen selbstabwertend agiert. Sie ist meine Perfektionistin und alles ist nicht gut genug, wenngleich sie mir dadurch manchmal hilft über mich hinauszuwachsen. Auch wenn Schulz von Thun dies als Strategie benennt (siehe »Eigene Ängste benennen«), möchte ich Jürgen nicht bedingungslos zuhören, wenn sie maßlos abwertend wird. An dieser Stelle wäre es super hilfreich, sich einen Stopp-Knopf einbauen zu können, der sich immer aktiviert, wenn mensch sich selbst beschämt oder klein macht. Da es diesen Knopf bedauerlicherweise nicht gibt, brauche ich eine andere Taktik, wie ich mich verhalte, wenn ich Selbstabwertung bei mir wahrnehme. Friedemann Schulz von Thun legt ebenfalls

14 »The goal is to learn to recognize when we are experiencing shame quickly enough to prevent ourselves from lashing out at those around us.« (Brown 2008: 69)

nahe, die Anwesenden miteinander in den Dialog treten zu lassen. Wer könnte Jürgen etwas entgegnen?

Aabid kann empathisch sein und so reagieren: »Jürgen, wir kennen uns doch mittlerweile echt gut und sind uns vertraut. Ich weiß auch, woher deine Motivation kommt ständig abzuwerten.« Fritzi könnte sich anschließend einmischen und klar machen, dass Ungerechtigkeit mir gegenüber nicht mehr zugelassen wird: »Wenn die Selbstbeschämung zu doll wird, dann stecke ich Sannik Ohrenstöpsel rein, damit er dir nicht mehr zuhören kann.« Janosh schaltet sich ein: »Absolut Jürgen, denn irgendwann reicht es auch mal!« Aabid weiter: »Warum muss bei dir, Jürgen, alles immer so perfekt sein? Es ist nicht so schlimm manches nicht 120%ig durchzuziehen, finde ich. Dinge zu tun, die sich im Nachhinein als ungünstig erweisen, kann ermöglichen, aus Fehlern zu lernen. ›Unvollkommenheit‹ ist notwendig, um zu wachsen oder unbewusste verinnerlichte Vorurteile zu realisieren.« Brené Brown verbalisiert Aabids Argument so:

»Ich bin irgendwann an einem Punkt angelangt in meinem Leben, an dem mir Vorurteile zu verlernen wichtiger ist, als Situationen zu vermeiden, in denen ich darauf aufmerksam gemacht werde, dass ich etwas Falsches gesagt oder getan habe. Ich habe gelernt, dass es besser für mich ist, wenn ich akzeptiere, dass ich mit den gleichen verinnerlichten Vorurteilen struggle, wie andere Menschen auch. Das erlaubte mir mehr Energie in das Verlernen meiner Vorurteile zu stecken, als in das Beweisen, dass ich keine Vorurteile habe.«[15]

Fritzi findet das Zitat super und möchte aufrecht und anwesend bleiben, wenn Verhalten kritisiert wird. Jürgen pflichtet bei: »Fehler machen ist zumindest besser als gar nicht zu handeln und stumm zu bleiben.« Aabid entgegnet: »Warum regt dich das so auf, wenn Sannik sich zurück hält?« Jürgen: »Ich hasse Handlungsunfähigkeit!« Fritzi: »Na? Nicht leistungsorientiert genug und verwertbar?« Und plötzlich herrscht Stille. Auch eine Diskussion über Selbstabwertung endet beschämend. Ich, als Dirigent des Geschnatters, mische mich ein. Laut Friedemann Schulz von Thun braucht es eine gute Leitungskraft, welche die einzelnen Stimmen wertschätzt, moderiert, Ziele vorgibt, Entscheidungen fällt und diese verantwortet (Schulz von Thun 2018: 122f): »Jürgen, du hast recht. Wenn ich mich schäme, mach ich mich klein. Ich wünsche mir oft, dass ich unsichtbar werde. Ich erstarre, mache mich ganz winzig und beteilige mich nicht mehr am Geschehen. Das magst du nicht. Ich ver-

15 »For me, I've come to a place in my life where unlearning prejudice is more important than avoiding situations where I might be accused of saying or doing the wrong thing. I've learned that it is better for me to accept the fact that I struggle with many of the same learned biases that other people do. This had allowed me to spend my energy unlearning and changing my prejudices rather than proving that I don't have any.« (Brown 2007: 59)

stehe auch, dass es dich aufregt, wenn Sannik sich zurückhält. Audre Lorde schreibt hierzu: »Ich denke, vor allem fürchten wir die Sichtbarkeit, ohne die wir aber nicht wirklich leben können.«[16] Kann mensch ohne Sichtbarkeit nicht leben? Brené Brown stellt einen Zusammenhang zwischen Unsichtbarkeit und Isoliert-Sein her: »Unsichtbarkeit hängt zusammen mit Verbindungsabbruch und Ohnmacht. Wenn wir uns nicht in anderen widerspiegeln [...], fühlen wir uns auf etwas so Kleines und Unbedeutendes reduziert, dass wir leicht aus der Welt gelöscht werden können.«[17] Unsichtbar-Sein_Machen isoliert mich und verhindert das Gefühl in Kontakt zu sein. In Verbindung zu sein brauche ich, um mich wohl zu fühlen. Sorgst du dich Jürgen, also auch um mein Wohlbefinden?

Aber selbst wenn ich mich zurückhalte, bin ich nicht handlungsunfähig. Denn ob ich handle oder nicht-handle, hängt doch davon ab, was als Handlung bewertet wird. Wenn ich Atmen als Handlung verstehe, handle ich immer. Ich handle, weil ich atme. Ich atme, unabhängig davon, was ich außerdem tue oder nicht tue. Wenn ich schlafe, dann schlafe ich. Wenn ich reite, dann reite ich.

16 »But most of all, I think, we fear the visibility without which we cannot truly live.« (Lorde 2007: 42)

17 »Invisibility is about disconnection and powerlessness. When we don't see ourselves reflected back [...], we feel reduced to something so small and insignificant that we're easily erased from the world.« (Brown 2007: 217)

Wenn ich spreche, dann spreche ich. Und bei allem, was ich tue, schlägt mein Herz und ich atme. Ich atme ein, und ich atme aus. Ich bin da und allein mit meiner Anwesenheit im Moment verändere ich die Situation. Auch in Situationen, in denen ich – direkt oder indirekt – Gewalt erlebe, erstarre und nicht entsprechend meiner Ideale handle, bin ich nicht handlungsleer oder handlungsunfähig! Ich atme und das ist Handeln. Dies wahrzunehmen ist etwas Anderes als aus der Situation zu gehen mit dem Gefühl nicht handeln zu können oder gehandelt zu haben und sich dafür abzuwerten. Ist es bereits eine diskriminierungskritische Handlung, wenn ich in einem Raum anwesend bin und atme, in dem die Menschen, trans*-Sein für etwas halten, das vielleicht höchstens im Fernsehen vorkommt? Durch Górska 2016 bin ich auf Sarah Ahmeds Auffassung zu Atmen und queerer Politik aufmerksam geworden. Sara Ahmed stellt einen Zusammenhang zwischen beidem her: »Ich denke, dass für queere Menschen der Kampf um ein erträgliches Leben ein Kampf darum ist, genug Raum zum Atmen zu haben. Raum zum Atmen oder die Möglichkeit zu haben, frei zu atmen. […] Mit Atem kommt Vorstellungskraft. Mit Atem kommen Möglichkeiten. Wenn es bei queeren Politiken um Freiheit geht, könnte das die Freiheit zu atmen sein.«[18]

18 »I think the struggle for a bearable life is the struggle for queers to have a space to breathe. Having space to breathe, or being able to breathe freely […]. With breath comes imagination. With breath comes possibility. If queer politics is about freedom, it might simply mean the freedom to breathe.« (Ahmed 2010: 120)

Ich denke, sich die Freiheit zum Atmen zu nehmen, kann in manchen Situationen bereits eine diskriminierungskritische Handlung sein. Dieser Blick auf Atmen als Handlung verändert die Einschätzung der eigenen Handlungsmacht und Selbstwirksamkeit.

Auch Frantz Fanon stellt einen Bezug zwischen Atmen und Diskriminierungserfahrungen her und untersuchte bereits 1959 die Rolle von Atmen in Bezug auf rassistische Staatsgewalt. Frantz Fanon schreibt: »Es ist nicht möglich, dass einerseits ein Gebiet besetzt wird, andererseits die Menschen darauf unabhängig sind. Das Land als Ganzes, seine Geschichte, sein täglicher Pulsschlag wird angegriffen und entstellt, in der Hoffnung auf eine endgültige Zerstörung. Unter diesen Bedingungen ist die Atmung der Menschen eine überwachte, eine besetzte Atmung. Es ist Combat Breathing.«[19]

Der Begriff »Combat Breathing« (was soviel bedeutet wie »umkämpftes Atmen« oder »widerständiges Atmen«) hilft auszudrücken, wie Kolonialismus nicht nur territoriale Ressourcen einnimmt, sondern auch Machtverhältnisse einverleibt werden. Kolonialismus wirkt auf die kolonisierten Körper und deren Alltag. Beim Lesen

---

19 »There is not occupation of territory, on the one hand, and independence of persons on the other. It is the country as a whole, its history, its daily pulsation that are contested, disfigured, in the hope of a final destruction. Under these conditions, the individual's breathing is an observed, an occupied breathing. It is a combat breathing.« (Fanon 2007: 65)

von »Breathing Matters« von Magdalena Górska bin ich auf dieses Zitat gestoßen:

»Irgendwo auf meinem Weg habe ich gelernt zu atmen, dass Atmen das Wichtigste ist. […] Bei politischen Protesten kann Atmen […] zu einem Werkzeug werden, das Leben rettet, ein Schild, das vor Verletzung schützt, Traumata minimiert und befähigt einen bestimmten Fokus beizubehalten, Gelassenheit und Präsenz in Situationen mit hohem Stress ermöglicht. Diese Atmung wird zu einer anderen Art von ›Combat Breathing‹ – ein ›Combat Breathing‹ der Beziehungen zueinander, des Widerstandes und Schutzes.«[20]

Magdalena Górska sagt in meiner Lesart hier, dass Atmen eine Strategie politischen Protests werden kann. So erhält »Combat Breathing« einen schützenden und widerständigen Charakter. Atmen ist Widerstand: Atmen mobilisiert Lebensenergien, um weiter zu leben, zu atmen und die Ausübung von Gewalt zu überleben (vgl. Górska 2016: 276).

Übrigens ist Atmen in Bezug auf rassistische Staatsgewalt auch heutzutage noch Thema: Erst durch das Lesen von »Breathing Matters« von Magdalena Górska wurde

20 »Somewhere along the way I learned to breathe. Breathing is the most important thing. […] In political protests, breathing […] can become a tool that saves lives, a shield that protects from harm, minimizes trauma, enables the maintenance of focus, composure and presence in high-stress situations. Such breathing becomes a different kind of combat breathing – a combat breathing of affinities, resistance and protection.« (Górska 2016: 269ff)

ich auf den rassistischen Mord an Eric Garner aufmerksam. Ein *weißer* Polizist erwürgte ihn am 14. Juli 2014 in New York City. Die Gerichte verurteilten den Mörder für die Tat nicht. Eric Garners letzte Worte waren »I can't breathe«, »Ich kann nicht atmen«. Er wiederholte sie elf Mal bevor er starb.[21] »I can't breathe« wurde daraufhin neben »My Hands Are Up« ein Slogan der New Yorker Black-Life-Matters Bewegung (vgl. Górska 2016: 22f).

Den Fokus auf Atmen zu legen kann mein Selbstbild verändern. Mit der Stimme, die mich abwertet, in Kontakt zu kommen, kann hilfreicher sein, als sie zu verbannen. Die hier von mir zitierten Personen machen Jürgen hoffentlich bewusst, dass ich in allen Situationen ein handelndes Subjekt bin. Atmen als politischen Protest zu verstehen, verändert auch mein Verständnis vom Eingreifen in diskriminierende Situationen. Ein Atemzug kann in einem bestimmten Kontext eine Intervention sein. Atmen kann mir helfen, mich wieder näher zu mir zu bringen und Entscheidungen darüber, wie ich handle, näher an meine Werte rücken. Das kann Atmen auch gerade dann, wenn ich den Impuls habe mich abzuwerten. Ich lade mich dazu ein, meinem Atem mehr Raum zu geben, mein Bewusstsein öfter für diese wider-

21 In diesem Artikel ist mehr über den Mord zu erfahren: https://www.nytimes.com/2015/06/14/nyregion/eric-garner-police-chokehold-staten-island.html?_r=0 (aufgerufen am 29.03.2019)

ständige Praxis zu öffnen. Sich als handlungsfähig wahrzunehmen, kann das Gefühl eigener Selbstwirksamkeit steigern. Den Fokus auf Atmen als Handlung zu legen, ist diesbezüglich ein Anfang.

**FRAGEN ZUM WEITERDENKEN UND AUFSCHREIBEN:**

Bist du auch manchmal so selbstkritisch dir gegenüber? Nimmst du Selbstabwertung wahr? Wann schaltet sich diese Stimme ein? Ärgerst du dich hin und wieder über dich selbst, wenn du nicht ideal auf eine (diskriminierende) Situation reagiert hast? Welche Funktion hat der Ärger und die Selbstabwertung für dich? Wofür braucht es sie in deinem Leben? Was ist ihre Funktion und was kann an ihr wertgeschätzt werden? Funktioniert es, sie in manchen Situationen »auszuschalten«? Hast du ihr schon mal empathisch zugehört? Was sagt sie? Was sind die Eigenschaften, die sie an dir gar nicht leiden kann? Bist du mit ihr bereits in den Dialog getreten? Was könntest du ihr entgegnen? Was nimmst du wahr, wenn du diskriminiert wirst? Welche Gedanken gehen dir danach durch den Kopf? Was hast du bisher zu verinnerlichter Unterdrückung gelesen oder gehört?

# Tag 3: Gesellschaftliche_eigene Ansprüche benennen und hinterfragen

*Ich arbeite weiter an dem Buchmanuskript und lese Feedback, das mir Lann zu einigen Teilen geschrieben hat. Lann merkt an, dass der Eindruck entsteht, als wäre es ein wichtiges Ziel von mir von anderen Menschen unbedingt gemocht zu werden und fragt, was wohl andere von mir mögen würden, wenn ich genau das machen würde, was eine andere Person will. Wäre ich dann überhaupt noch anwesend und bei mir selbst? Habe ich den Anspruch an mich, dass Menschen mich mögen? Erwarte ich von mir, dass ich es schaffe mich so zu verhalten, dass ich gemocht werde? Wenn ich so darüber nachdenke, könnte etwas Wahres dran sein. Und inwiefern können mich Menschen mögen, wenn ich nur versuche Erwartungen zu erfüllen und nicht mehr authentisch bin?*

Ich habe wohl wirklich den Anspruch an mich, dass ich es schaffe mich so zu verhalten, dass andere mich mögen. Und kommt die Anerkennung dann überhaupt an, wenn ich gar nicht für mich, sondern nur für diese Rolle gemocht werde? Brené Brown schreibt in einem bereits erwähnten Zitat, dass es ein menschliches Bedürfnis ist, anerkannt zu werden. Bedeutet anerkannt zu werden das gleiche wie gemocht zu werden? Ist es ein menschliches Bedürfnis gemocht zu werden? Oder ist es ein menschliches Bedürfnis in Kontakt oder Verbindung mit einigen anderen Menschen zu sein? Wie hängt das Bedürfnis in Verbindung zu sein mit Anerkennung und Scham zusammen? Und kann ich nur in Verbindung sein, wenn ich sichtbar bin?

## Warum Scham-Auslöser und damit auch die eigenen Ansprüche benennen und hinterfragen?

Ich halte fest: Ich habe das Bedürfnis, dass ich in Beziehung zu anderen Menschen bin. Gleichzeitig habe ich Angst – vielleicht wegen Unsicherheiten oder Selbstzweifeln – dass dieses Bedürfnis nicht erfüllt wird. Ob andere Personen mich mögen oder nicht, liegt nicht so wirklich in meiner Hand, oder? Dennoch versucht Jürgen durch den Anspruch an mich, dass ich mich möglichst »perfekt« verhalte und Namiko dadurch, dass ich es anderen Menschen »recht mache«, Einfluss darauf zu nehmen. Ich habe verinnerlicht, dass Perfektionismus mein Bedürfnis nach Kontakt umsetzen kann. Stephan Marks stellt einen Zusammenhang zwischen der Angst minderwertig zu sein und Perfektionismus her: »Das beschämende Grundgefühl, minderwertig zu sein, kann auch dadurch abgewertet werden, dass der Betreffende sich zum Ziel setzt, perfekt zu sein. Der Auftrag an sich selbst lautet dann: Wenn ich keinen Fehler mache, kann mich keiner angreifen. [...] Um nicht verwundet, sondern akzeptiert zu werden, muss ich perfekt sein.« (2007: 97). Was bedeutet es »perfekt«, beziehungsweise »unperfekt« zu sein? Inwieweit versuche ich vielleicht dadurch zu vermeiden, dass andere Menschen mich kritisieren? Hinter der Angst, dass ich wegen bestimmten Eigenschaften weniger liebenswert bin, steht Namikos Annahme, dass Verbindungen zu anderen Menschen leicht zerbrechlich und an Bedingungen gebunden sind. Demnach muss ich bestimmte Facetten von mir verbergen und mich auf eine bestimmte Art und Weise verhalten, um gemocht zu werden. Ich werde sichtbar, aber eben nur als die Version von mir, von der ich glaube, dass sie perfekt genug ist, um anerkannt zu werden. Bemühe ich mich – weil ich Beziehungen als an Bedingungen geknüpft verinnerlicht habe – möglichst vielen Menschen zu gefallen, damit ich am Ende nicht allein bin? Marie ergänzt: »Und bist du vielleicht am Ende doch allein, wenn du anderen Menschen nur die *deiner* Meinung nach ›beste Version deiner selbst‹ zeigst? Denn dann kannst du nicht wissen, ob Menschen dich auch mögen, wenn sie dich facettenreicher kennen würden, ob sie dich genauso gern oder sogar noch lieber gemocht hätten. Und mal platt gesagt, du bringst die Menschen auch um etwas, das sie an dir möglicherweise sehr schätzen würden. Eine Freundin von mir sagte mal: ›Ich fühle mich übervorteilt, weil mir etwas vorenthalten wird.‹«

Und nochmal die Frage: wie steht das in Verbindung zu Scham? Brené Brown nennt Anteile, von denen mensch denkt, dass sie »fehlerhaft« sind »unwanted identities« (2008: 91). Das heißt soviel wie »ungewollte Identitäten«. Sie ist der Meinung, dass Scham dann ausgelöst wird, wenn wir an diese Anteile in uns erinnert werden. Um mit Scham umarmend umzugehen, kann es hilfreich sein unsere Schamauslöser zu kennen. Diese Schamauslöser geben einen Hinweis darauf, was ich als unperfekt verstehe und was mein Anspruch an mich ist. Um Schamauslöser zu erkennen, motiviert Brené Brown dazu, Fragen zu beantworten – sogenannte »Shame-Trigger-Questions«. Diese lauten beispielsweise: Wie willst du (nicht) wahrgenommen werden? Was bedeutet diese Wahrnehmung für dich? Wieso möchtest du so und nicht anders wahrgenommen werden? Woher kommt es, dass du auf bestimmte Art und Weise wahrgenommen werden möchtest? Wenn Menschen nur das wahrnehmen, was du als das wünschenswert benannt hast, was verpassen sie? (vgl. 2008: 92)

Einige Antworten von mir darauf:

- Ich möchte als Mensch wahrgenommen werden, der vieles richtig macht. Dabei sollte nicht offensichtlich werden, dass ich mich dafür sehr anstrenge. Ich habe Angst, dadurch als Streber zu wirken, oder zu offenbaren, dass ich leistungsorientiert bin. Das ist in den Kreisen wenig angesagt, in denen ich mich bewege.
- Für mich bedeutet das auch »nicht anzuecken«. Ich erhoffe mir dadurch, dass mich Menschen eher mögen. Außerdem halte ich diese Spannung wirklich schwer aus, die entsteht, wenn ich etwas sage, was andere Menschen nicht gut finden. Diese Spannung, die entsteht, wenn ich anders handle, als es sich mein*e Gegenüber wünscht, wie es häufig beim Einschreiten bei Diskriminierung der Fall ist, kann ich mittlerweile als Scham benennen.

Schamauslöser hängen mit Ansprüchen zusammen, die meiner Einschätzung nach andere und ich selbst an mich haben. Dies sind Ansprüche dazu, wie ich wahrgenommen werden möchte und wie eher nicht. Sie sind von Normen durchzogen, die ich teilweise nicht erfüllen kann. Außerdem merke ich, dass es nicht möglich ist, alle Erwartungen gleichzeitig zu erfüllen. Dazu sind sie viel zu zahlreich, zum Teil widersprüchlich und miteinander konkurrierend. Beispiele für solche Erwartungen sind: Sei dünn, aber sei nicht besessen von der Idee abzunehmen! Sei perfekt, aber mach kein Theater daraus, wie du aussiehst und verschwende auf keinen Fall Zeit in deine Perfektionierung. Scheitern ist vorprogrammiert.

Aabid: »Verstehst du, was du da gerade schreibst? Du und alle anderen Menschen können niemals alle gesellschaftlichen Ansprüche erfüllen. Ist dir das bewusst, wenn du dich schämst?«

Mir hilft es zu benennen, wer welche Ansprüche (vermutlich) an mich stellt, um zu erkennen, dass sie teilweise widersprüchlich sind und kein Mensch alle erfüllen kann. Dennoch bleibt Normalpositionierung ein Ideal. Brené Brown erklärt, dass Schamgefühle einen ähnlichen Effekt wie der Zoom einer Kamera haben (2007: 93ff). Dieses Bild ist für mich stimmig. Beim Empfinden von Scham befinde ich mich mitten in einer konkreten Situation. Ich hadere mit mir, fühle mich allein und habe den Eindruck, dass ich die einzige Person bin, der es regelmäßig so geht. Wenn ich aus der Situation heraus zoome, mich frage woher das Gefühl kommt, welcher Teil meiner Identität offenbart wurde, den ich nicht mag, kann ich mir vorstellen, dass viele Menschen an sich zweifeln müssen. Zweifelst du auch manchmal an dir? Wenn ich mit dir teile, dass es mir regelmäßig so geht und ich Angst habe nicht gemocht zu werden, weißt du, dass du nicht allein mit dem Gefühl bist. Das Benennen eigener_verinnerlichter_gesellschaftlicher Ansprüche und der Angst sie nicht zu erfüllen, bietet eine Alternative zum Gefühl von Isoliertheit beim Empfinden von Scham. So wird Scham zum verbindenden Element.

**FRAGEN ZUM WEITERDENKEN UND AUFSCHREIBEN:**

Brené Brown schlägt folgende Fragen für eine Selbstbefragung vor:
Warum existieren bestimmte Erwartungen? Woher kommen sie? Wie funktionieren sie? Wer profitiert von den Erwartungen? (2007: 94ff)
Das Beantworten der Fragen kommt nicht ohne einen Blick auf die eigene Positionierung aus. Das Beantworten der Fragen – vor dem Hintergrund von Privilegierung und Diskriminierung – hilft dabei, Ansprüche zu ent_individualisieren.

## Welcher Zusammenhang besteht zwischen Ansprüchen, Diskriminierungen und Privilegien?

*Lian und ich sitzen auf meinem Balkon. Ich erzähle davon, dass ich das Angebot bekommen habe auf einem Reitturnier zu starten und dass ich mir das nicht so ganz zutraue. Ich befürchte, dass alle von mir erwarten, zu gewinnen. Im Laufe des Gesprächs stelle ich fest, dass vor allem ich es von mir erwarte, dass ich erfolgreich dabei bin, wenn ich schon die Chance erhalte, und niemensch enttäuschen möchte. Das macht ganz schön viel Druck. Warum erwarte ich das von mir? Lian und ich haben uns schon öfter über unsere sehr hohen Ansprüche an uns selbst ausgetauscht. Lians Eltern sind, genau wie meine, Nicht-Akademiker*innen. Dieser Anspruch, immer alles zu geben und besser zu sein als alle anderen, steht bestimmt mit Klassismus und einem bestimmten Aufstiegsmythos in Verbindung, sagt Lian und weiter: »Meinst du besser sein zu müssen als andere, um zu beweisen, dass mensch den eigenen Platz wirklich verdient hat?« Zum Beispiel habe ich oft das Gefühl, dass ich, wenn Leute mich in der Uni als Working-Class einlesen, ich besonders stark zeigen muss, wie »schlau« und wie leistungsstark ich bin, damit sie sehen, dass ich zu Recht da bin und damit ich in ihr Bild von »Auf-*

*steiger*in« passe. Ich kenne das auch von mir, dass ich denke, ich müsse immer besser sein als andere, um zu beweisen, dass ich wirklich auf das Gymnasium oder in die Uni gehöre. Im Gymnasium habe ich mich oft sehr fehl am Platz gefühlt. Obwohl ich durchschnittlich gute Noten hatte, befürchtete ich nicht gut genug zu sein. Ich habe extra viele Fremdwörter auswendig gelernt, um mich möglichst »gebildet« auszudrücken. Noch schlimmer wurde es später in der Uni. Ich traute mich in Seminaren anfangs nie etwas zu sagen. Das fand Jürgen doof. Wenn ich mich dann doch mal getraut habe, leuchtete mein Kopf wie eine Cocktailtomate.*

»Gleichzeitig kann dieser Mythos ›wenn du dich anstrengst und alles perfekt machst, kannst du alles erreichen‹, nur aufrecht erhalten werden, wenn das Sich-Anstrengen auch mit Erfolg gekrönt ist.« Bei Lian und mir war das der Fall. Meine hohen Ansprüche an mich selbst haben mich als einzige Person aus meiner Großfamilie auf einer Universität studieren und einen Uniabschluss absolvieren lassen. Wenn ich einen anderen Namen hätte und/oder ich als PoC eingelesen werden würde, wären meine Bildungsaufstiegschancen wesentlich geringer. Ich habe erst vor kurzem mit einer Person, mit der ich zusammenarbeite, darüber gesprochen, dass es beispielsweise Studien dazu gibt, dass Schüler*innen mit einem Namen, der »nicht-deutsch« klingt, bei gleichen Leistungen schlechter bewertet werden (vgl. Bonefeld

2017). Auch Menschen, die beHindert werden, bekommen Steine in den Weg gelegt. Manche Schüler*innen haben beispielsweise nicht Zugang zu allen Schulen, es wird die Form der eigenen Kommunikation nicht angeboten (z. B. Gebärdensprache) oder das Lern-Setting entspricht nicht den eigenen Bedürfnissen. Welchen Leistungsmythos und die damit verbundenen Selbstansprüche ein Mensch verinnerlicht hat, hängt also auch stark mit der eigenen Positionierung zusammen.

Ich habe den Zusammenhang zwischen meinem Anspruch perfekt sein zu müssen, Scham und Klassismus benannt. Ich denke, dass generell eine Verbindung zwischen Perfektionismus, Scham und Diskriminierung hergestellt werden kann: Scham steht in Verbindung mit der Angst, dass ein Teil von mir offenbart wird, der mich weniger liebenswert erscheinen lässt. Scham tritt also häufig in Situationen auf, in denen bestimmte Eigenschaften von mir offenbart werden. Von ebendiesen habe ich gelernt oder glaube ich, dass andere denken, dass sie »fehlerhaft« seien. Merkmale oder zugeschriebene Merkmale, die von idealisierten Normalpositionierungen abweichen, werden gesellschaftlich als »fehlerhaft« gekennzeichnet. Normalpositionierungen gelten hingegen als anerkennenswert. Menschen, die von Normalpositionierungen abweichen, haben also Merkmale an sich, von denen ihnen beigebracht wurde, dass sie sich dafür schämen sollten. Das habe ich weiter oben als verinnerlichte Diskriminierung beschrieben. Ich versuche auch diesen suggerierten »Mangel« durch Perfektionismus zu kompensieren. Diese Strategie hält sich recht hartnäckig, da sie bisher von Erfolg gekrönt war.

## Bedürfnisorientiert Handeln und Entschleunigen, um selbstgesetzte Werte und Widersprüche zu erkennen

Als eine Strategie mit Scham umzugehen, benennt Brené Brown, die eigenen Schamauslöser kennen zu lernen. Ein weiterer Umgang ist es, zu diesen Auslösern ein kritisches Bewusstsein zu entwickeln. Bewusstsein ist laut der Autorin mitzubekommen, dass Dinge passieren. Und kritisches Bewusstsein ist dann, zu hinterfragen warum sie passieren, welchen Einfluss gesellschaftliche Zusammenhänge darauf haben und wer davon profitiert (vgl. Brown 2007: 92ff). Ich empfinde es als bestärkend, die Verbindung zwischen eigenen Erwartungen und strukturellen, gesellschaftlichen Zusammenhängen zu verstehen, Erwartungen mit eigenen Werten abzugleichen und sich widersprechende Ansprüche zu priorisieren. Das habe ich bereits mit dem Anspruch »Perfektionismus« und den Zusammenhängen zu Diskriminierung und Scham im letzten Abschnitt getan. Im Folgenden werde ich einen weiteren Anspruch »es anderen recht zu machen« in Verbindung mit dem Machtverhältnis Adultismus denken.

Ich erachte Adultismus als ein wirkungsmächtiges Machtverhältnis, da es die einzige Form von Diskriminierung ist, die alle Menschen im Laufe ihres Lebens in unterschiedlicher Weise und also mit unterschiedlichen Positionierungen erleben. Unter Adultismus verstehe ich, dass durch dieses Machtverhältnis Kinder und Jugendliche oder Menschen, die als solche eingelesen werden, diskriminiert werden. Selbstverständlich unterscheiden sich die Realisierungsformen von Adultismus je nachdem, wie ein Kind sonst noch positioniert ist. Beispielsweise machen *weiße* Menschen, denen gesagt wird, dass sie ein Mädchen sind, andere Erfahrungen, als *weiße* Personen, denen gesagt wird, dass sie ein Junge sind. Weiterhin unterscheidet sich die Erfahrung dadurch, ob sie beHindert werden und_oder durch Rassismus benachteiligt werden. Alle Menschen erleben Adultismus sowohl aus der diskriminierten als auch – solange sie nicht frühzeitig sterben – aus der privilegierten Position.

Adultismus wird mit der Argumentation gestützt, »dass Kinder nichts können und alles erst lernen müssen.« (van den Broek 1993: 46) Wer kennt nicht den Spruch »dafür bist du noch zu jung«? Ich bin auch der Meinung, dass Kinder beispielsweise lernen sollten zu teilen oder was ihre Rechte sind. Gleichzeitig sind Kinder zu überaus vielem fähig und vor allem können sie sehr gut eigene Bedürfnisse wahrnehmen. Sie machen sich bemerkbar, wenn sie Hunger oder Durst haben, sich Aufmerksamkeit wünschen oder irgendetwas anderes brauchen. Das Vorurteil, Kinder seien für vieles zu jung, hält sich, da Erwachsene die Macht über Kinder haben und dieses Bild von Kindern und Jugendlichen aus ihrem eigenen Kind-Sein verinnerlicht haben (vgl. van den Broek 1993: 46). Ich bin der Meinung, dass Adultismus das Machtverhältnis ist, durch das viele Person verlernen eigene Bedürfnisse ernst zu nehmen, zu äußern und stattdessen lernen ihre Handlungsentscheidungen daran zu orientieren, es anderen Menschen »recht« machen zu wollen.

Lian fügt hinzu: »Und dazu kommt, dass Adultismus viele Menschen als ›jung‹ herstellt und diese dadurch ›nicht ernst genommen werden‹, z. B. Personen, die einen Rollstuhl benutzen und_oder manche PoCs und_oder gendernonkonforme und_oder lesbische Personen.«

Als Beispiel für das ver_lernen eigener Bedürfnisse beschreibe ich im Folgenden eine konkrete Situation aus einem Workshop an einer Schule mit einer achten Klasse:

*Zu Beginn des Workshops habe ich klargemacht, dass keine anwesende Person irgendetwas machen muss, was sie nicht möchte. Es stünde jeder Person zu jeder Zeit frei, den Raum zu verlassen oder sich leise mit* *etwas anderem im Raum zu beschäftigen. Zwei Schülern fiel es in meiner Wahrnehmung sehr schwer – aus welchen Gründen auch immer – sich auf den Workshop einzulassen. Sie sprachen immer wieder miteinander über Dinge, die nichts mit dem Workshop zu tun hatten. Andere Schüler*innen baten sie mehrmals, leiser zu sein. Ich habe sie nach einiger Zeit daran erinnert, dass sie sich jederzeit mit anderen Dingen beschäftigen könnten. Damit der Rest der Gruppe sich mit dem Workshopthema beschäftigen könne, sei es aber notwendig, dass sie sich leise beschäftigten. Wenn das nicht möglich sei, könnten sie auch gerne den Gruppenraum verlassen und Zeit in unserem Café verbringen. Daraufhin entschuldigten sie sich und blieben. Ihr Verhalten war jedoch unverändert. Ich fragte sie, was sie bräuchten um leiser zu sein. Sie gaben zur Antwort, dass sie es nicht wissen. Im Laufe der Zeit habe ich sie noch zwei Mal daran erinnert, dass sie gerne gehen können. Doch sie blieben und waren laut. Letztendlich bat ich sie, den Raum für eine gewisse Zeit zu verlassen.*

Warum war es für sie nicht möglich, das Angebot anzunehmen, zu gehen oder sich leise mit etwas anderem zu beschäftigen? Ich vermute, dass sie es nicht gewohnt sind, Entscheidungen zu treffen, die sich an ihren Bedürfnissen orientieren. Wahrscheinlich erhalten sie in der Schule Sanktionen für solch ein Verhalten – was letztendlich eine Form (emotionaler) Aufmerksamkeit von anderen ist – vielleicht eine ihnen bekannte Form. Werden so Anerkennung und Sanktionen – die sich in der Regel an hegemonialen Normen orientieren – zu Handlungsrichtlinien anstelle von Bedürfnissen? Lernen Menschen so eher, es anderen recht zu machen, als bedürfnisorientiert zu handeln? Das Bedürfnis dazuzugehören motiviert, hegemoniale Normen zu erfüllen. Brené Brown schreibt: »Scham zwingt uns, sehr viel Wert darauf zu legen, was andere Menschen von uns denken. So viel, dass wir uns selbst dabei verlieren es anderen Menschen recht zu machen.«[22] Damit es möglich wird, Anforderungen zu erfüllen und es »recht« zu machen, wird systematisch abtrainiert, Bedürfnisse wahrzunehmen und zu äußern. Zu meiner Schulzeit war es beispielsweise verboten, im Unterricht zu essen oder zu trinken. Während des Unterrichts auf Toilette zu gehen, war ungern gesehen. In jedem Fall musste vor der gesamten Klasse gefragt werden, ob dies von der Lehrperson erlaubt wird. Es war mir jedes mal sehr unangenehm zu fragen, ob ich auf Toilette gehen dürfte. Oft kam als Reaktion auf die Frage eine »genervte« Erlaubnis oder ein beschämender Spruch der Lehrkraft. Daher habe ich es mir öfter verkniffen. Ich fiel dadurch nicht auf, wurde dafür nicht von der Lehrperson beschämt. Wie gut ich

22 »Shame forces us to put so much value on what other people think that we lose ourselves in the process trying to meet everyone else's expectations.« (Brown 2007: xvii)

mich auf den Unterricht konzentrieren konnte, während ich die Minuten zählte, bis ich endlich aufs Klo konnte, bleibt fraglich. Bedürfnisse – aus Angst dafür beschämt zu werden – zu verkneifen, hat Einfluss auf die Beziehungsebene. Lehrkräfte nahm ich nach einem genervten Spruch als autoritär und wenig vertrauenswürdig wahr. Lida van den Broek benennt dies so: Das Abtrainieren von Bedürfnissen und die »[e]rzwungene Anpassung stellt die Selbstachtung, das Vertrauen in andere […] in Frage. Das Selbstvertrauen weicht der Angst zu versagen, Mißtrauen tritt an die Stelle von Vertrauen.« (1993: 48)

Was geschieht mit Kindern, für die Anpassung nicht möglich ist? Ich hatte in meiner Kindheit und Jugend die Möglichkeit, durch Anstrengung und Selbstdisziplin in gewissem Maße bestimmte Normen zu erfüllen. Auch wenn das Unterdrücken von Bedürfnissen starken Druck hervorrief, gehörte ich nicht zu den Menschen, für die es absolut unmöglich war sich anzupassen. Als ich in einer Erziehungsberatungsstelle arbeitete, erlebte ich mit, wie es Kindern oder Jugendlichen ergeht, die sich längerfristig nicht anpassen. Wer sich nicht nach dem richtet, was das Schulsystem verlangt, wird als schwer erziehbar oder als verhaltensauffällig pathologisiert. So wird Kindern Selbstvertrauen genommen. Sich anpassen und Normen erfüllen zu können hängt mit Diskriminierung und Privilegierung zusammen. Der Roman »Was ich euch nicht erzählte« von Celeste Ng beschreibt eindrücklich, dass es für Menschen, die durch Rassismus diskriminiert werden, nicht möglich ist, sich vollkommen anzupassen. Die Autorin erzählt unter anderem die Kindheit und Jugend von Lydia. Sie ist das einzige Mädchen of Color in der Schule:

»Manchmal vergaß man es fast: dass man nicht so aussah wie alle anderen. Man hörte sich die Morgenansprache an, gab im Drugstore einen Film zum Entwickeln oder packte im Supermarkt einen Karton Eier in den Einkaufswagen und fühlte sich wie jeder andere in der Menge. Manchmal dachte man überhaupt nicht daran.

Und dann wieder spürte man, wie das Mädchen auf der anderen Seite des Gangs glotzte, wie der Apotheker gaffte, der Junge an der Kasse einen beäugte, und man sah sich in ihren starren Blicken widergespiegelt: fehl am Platz. Man stach ins Auge wie ein Fremdkörper. Jedes Mal, wenn man sich von außen betrachtete und so sah wie die anderen, fiel es einem wieder ein. [...] Man hielt den Kopf gesenkt, dachte an die Schule, den Weltraum oder die Zukunft und versuchte es zu vergessen. Und das gelang einem so lange, bis es wieder passierte.« (2016: 187f)

Der Ausschnitt aus dem Buch macht deutlich, wie strukturell gewaltvoll soziale Erwartungen sind. Wie ist es, wenn mensch sich nicht durch Unterdrücken von

Bedürfnissen »unauffällig« machen kann? Welchen Einfluss hat dies auf die Wahrnehmung eigener Bedürfnisse?

Zusammengefasst trainiert Adultismus das Wahrnehmen eigener Bedürfnisse systematisch ab, solange Kinder abhängig sind von Bezugspersonen. Sie lernen, es anderen recht zu machen. Gehandelt werden darf, solange Normen als Handlungsorientierung dienen. Wem das nicht gelingt, wird sanktioniert, also beschämt. Das Antrainieren von Scham beim Nicht-Einhalten von Normen, sichert das Verlernen von Bedürfnissen und das Einhalten von Normen. Das hatte ich bereits erwähnt, als ich über meine Füße auf der Bank schrieb.

Was passiert eigentlich mit dem Gelernten, wenn ein Mensch erwachsen ist? Ab wann ist das »zu jung sein, um Dinge zu können« vorüber? Woher weiß ein Mensch, dass er jetzt alt genug ist, um Dinge können zu dürfen? Alt genug, um sich wieder an den eigenen Bedürfnissen zu orientieren? Werden im Erwachsenenalter Anerkennung und Sanktion von außen durch Selbstbeschämung und Selbstabwertung abgelöst? Wenn in der Kindheit alle Menschen erfahren, wie es ist diskriminiert zu werden, dass es Mächtige und Machtlose gibt, warum diskriminiere ich als erwachsene Person andere Menschen, tue anderen das gleiche an, was mir angetan wurde? Warum diskriminieren sich Kinder untereinander? In der Kindheit ist es das Beste zu akzeptieren gegenüber den meisten erwachsenen Menschen ohnmächtig zu sein. »Indem wir lernen die eigene Ohnmacht zu akzeptieren, entsteht das Bedürfnis, eigene Machtpositionen zu erobern.« (van den Broek 1993: 48) So habe ich als Kind gelernt, dass Handlungen nur dann erwünscht sind, solange bestimmte, als unhinterfragbar erscheinende soziale Normen als Handlungsrichtlinien akzeptiert, »geschluckt« und eingehalten werden. Scham dient dabei als Gatekeeper, als Regelwächter*in, welche von außen in den eigenen Körper eingepflanzt wurde. Es ist in keiner Weise verwunderlich, dass Menschen eigene Bedürfnisse zurückstellen, um Erwartungen zu erfüllen. Und dass sie bei bestimmten Diskriminierungen nicht intervenieren. Das wäre eine normabweichende Handlung.

**FRAGEN ZUM WEITERDENKEN UND AUFSCHREIBEN:**

Hängen eigene Bedürfnisse und ihr Erfüllen immer auch mit dem Erhalten von Machtpositionen zusammen? Wird Entmächtigen und Unterdrückung von anderen, als machtlos(er) eingelesenen Menschen, verwendet, um das Unterdrücken eigener Bedürfnisse zu kompensieren? Inwiefern erlebst du, dass Menschen Diskriminierung als Ventil für eigene unterdrückte Bedürfnisse benutzen? Als Ventil, das benötigt wird, um das Unterdrücken eigener Bedürfnisse zu ertragen?

Hast du schon mal diskriminierend oder verletzend gehandelt, weil du deine eigenen Bedürfnisse nicht spüren konntest?

## Entschleunigen, um selbstgesetzte Werte und Widersprüche zu erkennen

*Morgen habe ich Geburtstag. Ich weiß gar nicht, wie ich ihn feiern soll und vor allem mit wem. In den letzten Monaten habe sich einige Beziehungen verändert. Ich sehe nur noch wenige Menschen regelmäßig. Ich habe keine Zeit dafür. Ich arbeite und verbringe viel Zeit im Stall. Letzteres ist für mich ein guter Ausgleich. Und dann ist da ja auch noch das Buch. Wann soll ich das eigentlich auch noch schreiben? Die Zeit drängt. Es gibt mittlerweile eine Deadline, bis wann ich das Manuskript fertig haben sollte. Die Vorschau wird auch bald veröffentlicht. Ohweh! Wie soll ich das nur alles schaffen?*

In dem Roman *Momo oder die seltsame Geschichte von den Zeit-Dieben und von dem Kind, das den Menschen die gestohlene Zeit zurückbrachte* von Michael Ende treiben die grauen Herren alle Menschen an, schneller zu arbeiten. Die Herren versprechen, die Zeit, die Menschen dadurch angeblich sparen, auf Konten der

Zeitsparkasse für sie zu aufzubewahren. In Wirklichkeit wollen die grauen Herren den Menschen Lebenszeit stehlen. Der Roman kann kapitalismuskritisch gedeutet werden. Zeitsparen gleicht der wirtschaftlichen Ausbeutung »und der Selbstoptimierung«, ergänzt Lian, »so verstehe ich es auch, also dass es um neoliberale Selbstoptimierung geht, besonders effizient zu arbeiten, um ›mehr‹ Zeit zu haben (um dann noch mehr zu arbeiten, jippie).« Auf die Frage, woher die Zeitdiebe kommen, antwortet Meister Hora Momo: »Sie entstehen, weil die Menschen ihnen die Möglichkeit geben, zu entstehen. Das genügt schon, damit es geschieht. Und nun geben die Menschen ihnen auch noch die Möglichkeit, sie zu beherrschen. Und auch das genügt, damit es geschehen kann.« (Ende 2005: 157) Von was lasse ich mir Zeit stehlen? Von wem lasse ich mich beherrschen? Für was habe ich Zeit? Für was oder wen nehme ich mir Zeit? Warum schaffe ich es gerade nicht so gut mir Zeit zu nehmen, um Menschen zu treffen, die mir wichtig sind oder Zeit zum Schreiben; Zeit für das Reflektieren von Normen und von meinem Handeln?

Warum will ich mir Zeit einräumen, um Normen und eigenes Handeln zu hinterfragen? Normen bleiben unhinterfragt, wenn sie un(ter)bewusst bleiben. Wenn ich Normen nicht stupide re_produzieren möchte, ergibt es Sinn, sich diese bewusst zu machen und mit eigenen Werten abzugleichen; zu entscheiden, ob ich mich den Normen, die im jeweiligen Raum herrschen, anschließen mag oder nicht. Dafür braucht es Entschleunigung und guten Kontakt zu mir selbst. Oft bin ich »durch den Druck« nicht aufzufallen oder es anderen Recht zu machen, so weit von mir weg, dass ich gar keinen Zugang zu meinen eigenen Werten oder Bedürfnissen habe. Im Trubel des Alltags ist es leichter im Strom mitzuschwimmen und Verwertungslogiken zu folgen. Es braucht Energie sich immer wieder auseinanderzusetzen. Das ist anstrengend. Es ist bequemer sich im »Happyland« aufzuhalten. Tupoka Ogette nennt in dem Buch »Exit Racism« den Zustand, sich nicht mit *weißen* Privilegien auseinandersetzen zu wollen, so: »Happyland existiert, damit Menschen von der Ausbeutung anderer Menschen – wirtschaftlicher, politischer, sozialer Natur – profitieren können und sich, und das ist wichtig – dabei trotzdem gut fühlen können. Es geht bei Happyland um die Erhaltung deines positiven Selbstbildes.« (2017: 53) Ich verlasse Happyland hin und wieder und dann finde ich mich doch wieder im Strudel des Alltags. Ich habe mich beispielsweise letztens mit Marie darüber unterhalten, wie gestresst viele Menschen in unserem Umfeld und wir selbst auch oft sind. Sie meinte: »Spannend ist auch, wie in aktivistischen Kreisen denselben Verwertungslogiken gefolgt wird – nur unter dem Banner der Kapitalismuskritik. Der Druck zu leisten ist sehr ähnlich, die Anerkennung dafür ebenso. Da verbindet sich normkritisches Handeln mit normenreproduzierendem Handeln.« Widerstand wird vereinnahmt. Als ich noch studierte, engagierte ich mich intensiv im Rahmen von Hochschulpolitik. Dabei hing ich auch einer bestimmten Verwertungslogik nach, saß stundenlang in irgendwelchen Plena und habe mich für viele Dinge verantwortlich, geradezu unentbehrlich gefühlt – so lange bis ich nicht mehr konnte. Ich war total ausgebrannt. Kein Wunder. Ich hatte den Anspruch Strukturen zu verändern und mir sehr hohe Ziele gesteckt. Wenn ich mein eigenes Wohlergehen bei diskriminierungskritischem Handeln außer acht lasse, ist für mich bewusstes Handeln irgendwann gar nicht mehr möglich. Gleichzeitig kann es in mir Unbehagen auslösen, mich mit eigenen Privilegien auseinander zu setzen. Somit kann eigenes Wohlergehen im Widerspruch zu privilegienbewusstem Handeln stehen, weil es eben gerade dieses Unbehagen auslöst. Was priorisiere ich an dieser Stelle? Das Erkennen von Situationen, in denen Diskriminierungen ausgeübt werden und in denen mein Handeln notwendig wäre, wirft mich in einen inneren Konflikt: Auf der einen Seite stehen meine Werte, die Handlungen einfordern, die Diskriminierungen in Frage stellen, auf der anderen Seite gibt es in mir lange verinnerlichte Vorurteile, Normen, Werte, die Angst meine Anerkennung zu verlieren und_oder aufzufallen. Welche Botschaften von welcher Gans kommen zu Wort bei einer Situation, die diskriminierungskritisches Handeln erfordert?

Namiko, der »Ängstliche« meldet sich sofort zu Wort: »Was denken die alle von mir, wenn ich mich jetzt da einmische? Wahrscheinlich mögen sie mich dann nicht mehr!« Diese Gedanken halten mich manchmal davon ab zu intervenieren. Ich ordne mich lieber dominanten und hegemonialen Meinungen unter.

Eine weitere Stimme, die von Aabid, schaltet sich verständnisvoll ein: »Ist das Erklärnarrativ ›weil ich will, dass alle mich mögen, versuche ich mich perfekt zu verhalten und es allen recht zu machen‹ nicht verkürzt?« Vielleicht will ich gar nicht nur gemocht werden? Vielleicht habe ich auch einfach nur Angst selbst Diskriminierung abzubekommen? Fliege daher lieber unter dem Radar von Leuten, weil ich die Erfahrung gemacht habe, dass Menschen mein Verhalten absolut nicht nachempfinden, kein Verständnis für mich aufbringen können? »Und vielleicht auch im Kontext von trans*, dass du ›auffliegst‹, als normabweichend in der Öffentlichkeit wahrgenommen wirst und dadurch massive Gewalt abbekommst?« fügt Lian hinzu. Vielleicht möchte ich einfach nur möglichst unauffällig und nicht greifbar wirken und es daher allen recht machen. So kommen Menschen vielleicht auch nicht auf die Idee mir unangenehme und übergriffige Fragen zu stellen.

Zu dieser Haltung passt auch Jürgen, die Perfektionistin, sehr gut: »Sei perfekt und aalglatt, um zu entwischen.« Fragen. Nachfragen. Rechtfertigungserdrücken. Wenn ich über Situationen nachdenke, in denen diskriminierungskritisches Handeln erforderlich ist, gibt es auch mutige Stimmen.

Fritzi, die Stimme meiner selbstgewählten Werte und Normen, die von ganzem Herzen in einer Welt leben möchte, in der kein Mensch ungerecht behandelt wird, merkt an: »Ob Nicht-Normativität Konflikte auslöst, weiß ich gar nicht sicher. Es gab auch viele Situationen, in denen ich diskriminierungskritisch gehandelt habe und Freund*innen und (Wahl-)Familie mich dabei unterstützt haben. Angst hemmt mich etwas auszuprobieren und verhindert, Situationen wahrzunehmen, die diese Angst nicht bestätigen. Vielleicht habe ich mehr Verbündete als ich denke. Wenn andere Menschen sich auch von ihrer Angst leiten lassen und nicht intervenieren, verhindert es, dass wir uns treffen und uns zusammen empathisch begleiten können.«

Wie bereits am Anfang des Buches beschrieben, haben all diese Stimmen unterschiedliche Lautstärken und kommen je nach Tagesform unterschiedlich laut und viel zu Wort. Manche Mitglieder meines inneren Teams kann ich besser zulassen, weil sie mir vertrauter sind als andere. Für andere schäme ich mich. Ich wünsche mir mehr eigenen Mut, und dass ich mein Bedürfnis nach Gerechtigkeit ernster nehme. Ich wünsche mir ein bewusstes Entscheiden, statt ein Handeln nach Altem, Bekanntem. Mir hilft es sehr, mich mit den verschiedenen Anteilen zu beschäftigen, um bestimmte Annahmen zu hinterfragen: Warum assoziiere ich Eingreifen mit Auffallen und Abwertung? Warum verbinde ich diskriminierungskritisches Handeln mit Disharmonie und Kampf? Ich nehme mir Zeit, um nach Menschen zu suchen, nach Vorbildern, die auf ähnliche Weise wie ich intervenieren möchten und stoße auf ein Zitat von Kübra Gümüşay, Journalistin, Bloggerin und Netz-Aktivistin:

»Meine Schwäche, mein Weg

Bei jeder Kritik, die ich äußere, versuche ich stets konstruktiv zu sein. Auch Teil der Lösung zu sein, eine Lösung anzustoßen. Das war immer mein Ideal, mein Ziel. Das Ausruhen auf dem Sessel der Kritikerin lag und liegt mir nicht. Meine Schwäche ist: Ich mag Harmonie. Und darauf ziele ich bei all meiner Kritik, Diskussion und Problematisierung ab. Das mag manch einer naiv finden. Manch einer nicht kämpferisch genug, schwach, dumm, unfeministisch, etc. Mit den Jahren habe ich das Selbstbewusstsein gewonnen, zu wissen, dass diese Schwäche mich ausmacht und – wenn auch nicht in jedem Kontext – meine Stärke geworden ist. Ich respektiere und ehre all jene, die für die gute Sache einen der vielen anderen Wege einschlagen. Aber dieser Weg ist meiner.« (Gümüşay 2016)

Vielleicht mag ich auch Harmonie. Ich kann mein Leben nach eigenen Werten leben, ohne dass ich damit das Leben anderer angreife. Meiner Erfahrung nach fühlen sich manche Menschen beispielsweise davon angegriffen, wenn ich ihnen sage, dass die Annahme für mich nicht stimmt, es gäbe ausschließlich zwei Geschlechter. Auch wenn ich Harmonie mag – ist es mir wichtiger in Harmonie mit anderen zu sein als mit mir selbst? Inwiefern ist die Situation dann zwar harmonisch, aber ich bin nicht anwesend? Manchmal braucht es Entscheidungen und Priorisierung. Ich entscheide, dass es mir mein Wohlergehen wichtigster ist als Harmonie mit fremden Normen. Um herauszufinden, welche Handlung zu welchem Ergebnis führt, braucht es Mut – auch auf die Gefahr hin sich zu irren. Und manchmal liegen Diskriminierung und diskriminierungskritisches Handeln eng beieinander. Auch dann, wenn es anstrengend ist Widersprüche auszuhalten oder es unaushaltbar ist, dass es so oft keine einfachen Lösungen gibt. Aber vielleicht kann es ein Teil der Lösung sein diese Widersprüche bewusst zu haben. Und um sie zu erkennen, und um mir die Situation und die eigenen Haltungen darin zu verdeutlichen und um meine Bedürfnisse zu spüren, braucht es Zeit zum Reflektieren. Und immer wieder komme ich an einen ähnlichen Punkt. Um Scham umarmen, diskriminierungskritisch und privilegienbewusst Handeln zu können, brauche ich Entschleunigung: ein Gespräch mit Freund*innen, ein Nachdenken mit mir selbst, mir herrschende Werte und Normen bewusst zu machen und mit den eigenen abzugleichen, kann ein Anfang sein.

# Tag 4:

# Sich (verwundbar) zeigen

*Ich muss dieses Buch in weniger als drei Monaten abgeschlossen haben. Dieses Wissen macht mir ziemlichen Druck. Um das Wahrnehmen des Drucks zu vermeiden, verdränge ich das Buchprojekt, lasse es links liegen. Was hält mich davon ab, das Projekt zu Ende zu bringen? Zum einen vermeide ich das Reflektieren von Normen, um Happyland nicht zu verlassen. Aber ist da noch mehr? Schäme ich mich vor etwas? Habe ich Angst? Ja, ja und ja. Ich habe bisher super wenigen Menschen davon erzählt, dass ich ein Buch veröffentlichen werde. Welche Teammitglieder melden sich zu Wort?*

*Die Selbstkritikerin Jürgen grummelt: »Was, du? Welches außergewöhnliche Wissen hast du denn bitte, um etwas zu schreiben, das andere Menschen interessieren könnte?« Welche verinnerlichten Werte stecken dahinter? Ich darf nur etwas sagen, wenn es etwas ganz Besonderes ist. Teile ich diesen Glaubenssatz heute noch? Die ängstliche Stimme fürchtet sich vor kritischen Reaktionen, und zwar vor allem, weil ich mich durch das Teilen von persönlichen Dingen sehr verletzlich mache. Es ist mir doch ohnehin schon peinlich zuzugeben, dass ich mich schäme. Und jetzt lesen auch noch Menschen, die ich gar nicht kenne, von solchen Situationen! Zudem offenbare ich deprivilegierte Positionierungen, die ich verstecken könnte.*

Wahrscheinlich bieten manche Dinge, die ich hier veröffentliche, eine Angriffsfläche. Dennoch habe ich mich dafür entschieden es zu tun. Denn in der Regel tendiere ich, und wahrscheinlich auch andere Menschen, dazu, Schamgeschichten für sich zu behalten, eben aus Angst vor Verletzung und_oder Zurückweisung. Ich wünsche mir, wie Kübra Gümüşay »mehr Raum für Schwäche. Wir können nicht tagein tagaus richtig handelnde, starke, kritische SuperheldInnen sein.« (Gümüşay 2015)

## Warum habe ich mich dafür entschieden mich (verletzlich) zu zeigen?

*Ich sitze mit Menschen nach dem Training zusammen vor dem Pferdestall. »Sag mal, bist du eigentlich vergeben, fragt mich eine Person aus meiner Gruppe. »Ja. Seit über vier Jahren antworte ich.« »Ach toll! Das ist ja super«, höre ich als Reaktion. »Wir wohnen aber nicht zusammen«, füge ich hinzu. Ich fühle mich nach dem Gespräch ziemlich unwohl. Warum? Ich habe keine falsche Auskunft gegeben. Trotzdem hat diese Kommunikation vermutlich Fehlannahmen über mich bestätigt. Wahrscheinlich werde ich von der Person ohnehin als cis-männlich eingelesen und dazu jetzt noch als einer, der in einer langjährigen monogamen Hetero-Beziehung steckt. Inwiefern verleugne ich die Geschlechtsidentität meiner Beziehungsperson als nicht-binär und meine eigene?*

Sich zu outen, ist für mich ein Beispiel sich verletzlich zu zeigen. Obwohl Geschlechtsidentität und sexuelle_romantische Orientierung bei meiner Erwerbsarbeit eine große Rolle spielen, bin ich in manchen Kontexten nicht als trans* geoutet, sondern gehe als männlich durch. Welchen Einfluss hat für mich Geoutet-Sein auf mein restliches Verhalten?

Voranstellen möchte ich, dass jeder Mensch, wenn es möglich ist, selbst entscheiden sollte, inwiefern es passt oder eben nicht sich zu outen. Ich finde es völlig verständlich, wenn Menschen sich dafür entscheiden sich nicht zu outen. Gleichzeitig höre ich immer wieder, dass Outing als unnötig abgetan wird, weil wir ja in einer so toleranten Gesellschaft leben [sic!]. Daher möchte ich benennen, welchen Unterschied es für mich macht. An Orten, an denen ich geoutet bin und mich trotzdem gewertschätzt fühle, fällt es mir leichter bei Diskriminierung einzugreifen. Wie ist das zu erklären? Strenge ich mich (unbewusst) weniger an normalpositioniert zu wirken und es anderen Menschen recht zu machen? Ich erinnere an meine Gedanken an Tag 3 zu meinem Bedürfnis in Beziehung zu sein. Ich fragte mich, inwiefern ich wirklich in Kontakt bin, wenn Personen gar nicht mich erleben, sondern eine »perfekte Version« von mir. Lann fasst diesen Aspekt mit den Worten zusammen: »Kommt die Anerkennung, die eine Schablone meiner selbst erhält, überhaupt bei mir an?« Aber habe ich nicht auch viele Menschen kennengelernt, die mir gegenüber unglaublich wertschätzend waren, ohne dass Diskriminierung eine Rolle gespielt hat und deren Herzlichkeit durchaus bei mir ankam? Wären diese Personen mir gegenüber gleichermaßen wertschätzend, wenn ich vor ihnen geoutet wäre? Und ich merke, dass auch ich bestimmte Anerkennung nicht annehmen kann, solange ich nicht weiß, ob sie bedingt ist. Wie nah kann ich Menschen sein, die von bestimmten Lebensphasen, Aspekten meiner Persönlichkeit nichts wissen? Ist es angenehmer nicht zu wissen, wer wie reagiert, um entfernte Verbindungen nicht aufs Spiel zu setzten? Ist es auch noch angenehmer, wenn ich weiß, dass ich mich in diesen Beziehungen weniger frei verhalten kann? Ich kann mit Menschen, von denen ich nicht weiß, welche Haltung sie zu Diskriminierungen und Privilegien haben, nur eine begrenzte Nähe haben. Nicht zu wissen, wie wertschätzend sie mit Teilen meiner Identität umgehen würden, die nicht Normalpositionierungen entsprechen, schafft Distanz. Ich verhindere also Nähe, wenn ich bei der Frage, ob ich vergeben bin vermutliche Fehlannahmen nicht aufkläre. Gleichzeitig habe ich Verständnis für mein Verhalten. Wenngleich verinnerlichte Diskriminierung einen Teil zu meinen Befürchtungen beitragt, lässt sich nach einem Outing die Zeit nicht mehr zurück drehen. Entweder Menschen gehören ab dann zu den Menschen, die sich als vertrauenswürdig erwiesen haben oder zu den Menschen, die potentiell diskriminierend für mich sind. Und es lohnt sich nicht in allen Kontexten, die Probe aufs Exempel zu machen (oder ich kann es nicht riskieren, das auszuprobieren).

Wie geht es Menschen, deren Abweichung von Normalpositionierung für alle ständig sichtbar ist? Welchen Einfluss hat dies darauf, inwiefern sie sonst Verletzlichkeit oder Verwundbarkeit riskieren, wenn sie regelmäßig diskriminiert werden?

Neben Beziehungen, in denen ich nicht geoutet bin, habe ich in meinem Leben einige Freund*innenschaften, die ich als sehr sicher erlebe. Inwiefern enthalte ich in diesen auch Teile von mir vor? Inwieweit erlebe ich die Sicherheit dieser Beziehungen auch an Bedingungen geknüpft? Zeige ich mich ihnen verletzlich? Verstecke ich vor ihnen Gefühle, für die ich mich schäme? Führt das Verstecken dazu, dass ich mich manchmal einsam fühle? Bin ich wirklich in Kontakt?

Brené Brown benennt mit Menschen in Kontakt zu treten und über Scham zu sprechen als weitere Strategie, mit Scham umzugehen. Wenn wir wirklich mit Menschen in Kontakt sind, spüren wir, dass Ängste, die uns einsam fühlen lassen, universal sind: »Ungeachtet dessen, wer wir sind, wie wir aufwuchsen oder was wir glauben – wir alle kämpfen versteckt und stillschweigend gegen die Angst, an nicht gut genug zu sein, nicht genug zu haben und nicht dazu zu gehören. Wenn wir den Mut finden, unsere Erfahrungen zu teilen, und das Mitgefühl, anderen zuzuhören, wenn sie ihre Geschichten erzählen, dann zwingen wir Scham aus ihrem Versteck und beenden das Schweigen.«[23] Eigentlich ist das ganz schön absurd oder? Verstecke ich nicht gerade Anteile oder Erlebnisse, weil ich Angst davor habe, dass ich deshalb zurückgewiesen werde? Gleichzeitig schafft genau das Einsamkeit, und sich verletzlich zu zeigen innerhalb von Beziehung schafft Nähe. Es führt dazu, dass ich Anerkennung und Wertschätzung besser annehmen kann. Wenn ich Scham-Geschichten von anderen höre, kann das dazu führen, dass ich Unbehagen erlebe. Es kann aber auch zur Folge haben, dass ich mich weniger alleine fühle, dass echte Verbindungen entstehen. Es kann so bestärkend sein sich zu trauen und zu erleben, dass ich nicht die einzige Person bin, die dies oder jenes von sich denkt. Ich schließe diesen Abschnitt mit einem Zitat von Stella Young. Sie ist leider bereits verstorben und war Journalistin und Comedian; ich bewundere sie sehr. Dies ist der Abschluss eines Briefes mit dem Titel *Stella Young's Letter to Herself at 80 Years Old*, also »Stella Youngs Brief an sich selbst im Alter von 80 Jahren«. Ich möchte damit mich und, wenn du magst auch dich daran erinnern, wie super schön es sein kann, die

23 Regardless of who we are, how we were raised or what we believe, all of us fight hidden, silent battles against not being good enough, not having enough and not belonging enough. When we find the courage to share our experiences and the compassion to hear others tell their stories, we force shame out of hiding and end the silence. (Brown 2007: 127f)

eigene Komfortzone zu verlassen, Verletzungen zu riskieren und diese zu feiern:

»Hör mir zu, Stell. Ich kann dir nicht mit Sicherheit sagen, dass du mich niemals treffen wirst. Vielleicht sage ich das sehr leichtfertig, gewöhnlich mit dem dritten Glas Wein in der Hand – dass ich hier bin, um eine gute Zeit zu haben, keine lange – und vielleicht ist das wahr. Aber, um dich zu treffen, verspreche ich, jede Möglichkeit mit beiden Händen beim Schopfe zu packen – so oft ja zu sagen wie ich kann, Risiken einzugehen, mich ordentlich zu erschrecken und verdammt viel Spaß zu haben. [...] In Liebe, Stell.«[24]

Ich habe mich entschieden, mich verletzlich zu zeigen und über Scham zu sprechen, um echte Nähe und tiefe Beziehungen zu leben.

---

24 »Listen, Stell. I can't tell you for certain that you and I will never meet. Perhaps that thing I always say flippantly, usually with a third glass of wine in my hand – that I'm here for a good me not a long me – perhaps that's true. But on my path to reach you, I promise to grab every opportunity with both hands, to say yes as often as I can, to take risks, to scare myself stupid, and to have a shitload of fun. [...] Love, Stell« (Young 2014)

## Welcher Zusammenhang besteht zwischen Verwundbarkeit, Diskriminierungen und Privilegierungen?

Der Kapitalismus und die Schule als seine Erziehungsanstalt hat mir die Notwendigkeit beigebracht, das zu verstecken, was als vermeintlich »schwach« gilt. (»Oha, ist das nicht etwas zu hart ausgedrückt«, denkt sich Namiko.) Gut und besser sein als andere ist das, was zählt. Wovon hängt es ab, dass ich es wagen kann, Teile, die als »fehlerhaft« oder verletzlich gelten, zu zeigen? Warum habe ich bei dem Gespräch nicht gesagt: »Ja. Ich bin vergeben. Aber nicht so, wie du wahrscheinlich vermutest, sondern…«? An Tag 3 habe ich darüber geschrieben, dass ich durch Klassismus verinnerlicht habe, dass ich mich immer besonders anstrengen muss. Dieser Glaubenssatz widerspricht der Idee, Abweichungen von Normalpositionierungen zu zeigen und sich dadurch verletzlich zu machen. Und, um bei der Realität zu bleiben, kann das Zeigen durchaus zu erneuten Verletzungen, diskriminierenden Äußerungen führen. Die Person in der Situation nach dem Training hätte Fragen stellen können, die mir unangenehm gewesen wären, oder sie hätte mich in Zukunft meiden können. Glücklicherweise kann ich in jedem Moment neu entscheiden, was gerade eher zu meinem Wohlbefinden führt und wozu ich

Kapazitäten habe: Nähe riskieren oder einen »sicheren« perfekten Schein wahren? Habe ich gerade die Kraft mit möglichen Fragen umzugehen? Ich finde es total nachvollziehbar, wenn das Menschen zu viel ist. Ich wünschte mir dennoch, dass ich manchmal mutiger bin. Und das Buch zu schreiben, finde ich ganz schön mutig. Aber es wird wahrscheinlich trotzdem Tage geben oder unerwartete Reaktionen auf das Buch, weswegen ich es bereue, es jemals veröffentlicht zu haben.

Lanns Kommentar zu dem letzten Abschnitt möchte ich dir nicht vorenthalten. Vielleicht kannst du dies auf ähnliche Situationen in deinem Leben übertragen: »Mmh, spannend. Mein Ansatz wäre: Reaktionen von Menschen sind Aussagen der Menschen über sich. Mach dich nicht davon abhängig. Du hast das Buch geschrieben weil du es wolltest. Wenn du irgendwann denkst, du hast heute neue Ideen und neue Wissensproduktionen, neue Strategien, dann nimmt das trotzdem nicht weg, dass das Buch zu dem Zeitpunkt richtig und gut war – alles verändert sich ständig, es muss keine Gültigkeit über den Moment hinaus haben. Aber ich weiß, es bringt nicht so viel, das zu schreiben...« Und doch habe ich mich sehr gefreut die Worte zu lesen. Wertschätzende Rückmeldungen von anderen Personen, können mich motivieren Teile von mir zu zeigen, mit denen ich auf Grund verinnerlichter Normen hadere.

Ich bin privilegiert dadurch, dass ich oft selbst entscheiden kann, welche Teile, die nicht innerhalb von Normalpositionierung liegen, sichtbar werden. Wie geht es Menschen, die diese Wahl nicht haben und ständig dafür abgewertet werden, weil sie sichtbar beHindert werden, als PoC eingelesen und_oder muslimisch markiert werden? Und ja. Auch da gibt es keinen einheitlichen Umgang mit! Klar.

## Sich mit Menschen umgeben, die ähnliche Werte teilen, als Strategie sich (verwundbar) zu zeigen

*Heute ist wieder Plenum meiner Politgruppe. Ich war letztes Mal nicht dabei. Eine Person, die wiederum beim letzten Treffen da war, aber heute nicht kann, schreibt mir eine SMS: »Kannst du bitte nochmal ansprechen, dass wir wirklich jedes Mal eine Namens- und Pronomenrunde bei den Plena machen? Es wurde letzte Woche kurz diskutiert und ich kann heute nicht dabei sein. Ich bin stark dafür.« Die Nachricht irritiert mich. In meiner Wahrnehmung machen wir selbstverständlich jedes Mal eine Namens- und Pronomenrunde. Das steht für mich eigentlich nicht zur Diskussion. In dem Treffen setzte ich es auf die Tagesordnung. Ich äußere meine Irritation und frage: »Spricht aus einer*

*Nicht-Cis-Perspektive etwas dagegen, dass wir jedes Mal eine Namens- und Pronomenrunde machen?« Es folgt Schweigen. »Ich deute das Schweigen als Nein. Also machen wir jedes mal die Runde?!« Daraufhin meldet sich eine – soweit ich weiß – cis-geschlechtliche Person zu Wort, die schon lange bei der Gruppe dabei ist: »Aber warum soll ich das jedes Mal machen? Ich komme mir dabei richtig verarscht vor. Ihr kennt mich doch!« Ein Cocktail aus vielen Gefühlen steigt in mir hoch. Ich bin enttäuscht. Ich habe irgendwie erwartet, dass in unserer Gruppe alle die Gründe für eine Namens- und Pronomenrunde kennen und unterstützen. Eine Person, die vor einigen Wochen ihr Pronomen geändert hat, äußert sich und teilt, dass ihr die Runde total geholfen hat. Daraufhin reagiert die Person, die sich verarscht fühlt, erneut mit Abwehr. Ich explodiere*

*innerlich und verlasse den Raum, um der Situation nicht länger ausgesetzt zu sein. Jürgen legt mit dem Schließen der Tür sofort los: »Warum gehst du jetzt? Du hättest dich mehr einsetzen müssen! Nun hast du die anderen Trans*Personen im Raum im Stich gelassen!« Namiko ergänzt: »Außerdem hast du die Situation ganz schön eskaliert. Wie soll ich jemals zurück in die Gruppe. So peinlich!« Ich rufe meine Freundin Zeynep an und spreche mit ihr über das, was sich gerade abgespielt hat. Es hat mir sehr geholfen mit ihr*ihm zu reden. Zeynep hat meine Reaktion, den*

*Raum zu verlassen, bestärkt und mir geholfen, meine Handlung, bei der ich mich vor Gewalt geschützt habe positiv zu werten.*

Es tut gut, Menschen um sich zu haben, die ähnliche Normen teilen und bestärken, Personen, die mir helfen Spannungen und Unsicherheiten auszuhalten. Menschen, die ähnliche Ziele haben, helfen mir, mich von verinnerlichten Normen zu distanzieren und an diskriminierungskritischen Werten zu orientieren. Handeln, das Diskriminierungen in Frage stellt, fällt mir also leichter, wenn ich andere Menschen mit ähnlichen Haltungen an meiner Seite habe. Audre Lorde bezeichnet diese als Community und betont die Wichtigkeit dieser: »Ohne Community gibt es keine Befreiung, sondern nur einen ungeschützten und kurzzeitigen Waffenstillstand zwischen einem Individuum und der Unterdrückung.[25]

Auf institutioneller Ebene gedacht, kann ich nur empfehlen, bestimmte Normen und Werte strukturell beispielsweise in Form einer Grundhaltung festzulegen. Dazu brauchst du ebenfalls Menschen, die eine ähnliche Haltung haben wie du. Wichtig finde ich, diese Haltung für alle transparent zu machen. Als ich selbst ein Projekt leitete, somit eine Machtposition inne hatte, legten

25 Without community, there is no liberation, only the most vulnerable and temporary armistice between an individual and her oppression." (Lorde 1983: 99)

meine damalige Kollegin Melody Makeda Ledwon, andere Personen aus dem Team und ich bestimmte Dinge schriftlich und öffentlich fest. Hier ein Auszug daraus:

- Innerhalb eines Projektes, das auch Sensibilisierung zum Ziel hat, ist es unvermeidbar, dass Diskriminierung re_produziert wird. Diese Situationen bieten die Gelegenheit diskriminierungskritisch zu intervenieren. Dem Ziel der Sensibilisierung übergeordnet ist Empowerment und Stärkung von Personen, die in dieser Situation diskriminiert werden. Das bedeutet: Wenn Personen, die in Bezug auf eine bestimmte Diskriminierung privilegiert werden, Fragen haben, bemühen sich andere, die auch in dieser Hinsicht privilegiert werden, darum, diese Fragen zu beantworten bzw. die Weiterbildungsprozesse dieser Person zu unterstützen. Somit wird vermieden, dass die Menschen, die in einer bestimmten Situation diskriminiert werden, in die Position gedrückt werden, die Menschen, die sie diskriminieren aufzuklären, sondern sie sich um ihre Selbstsorge kümmern können.
- Es ist in erster Linie die Verantwortung von privilegierten Personen sich in Bezug auf Machtverhältnisse, von denen sie profitieren, zu sensibilisieren.
- Nicht jede Person hatte und hat die Möglichkeiten sich über Diskriminierung zu informieren. Menschen, die auf Grund von (Bildungs-)Privilegien

bereits Auseinandersetzungen durchlaufen, unterstützen die Menschen, die bisher weniger Möglichkeiten hatten. Ferner dienen die Teamsitzungen als Fortbildungs- und Sensibilisierungsraum. Wir bemühen uns jede Regel und Unklarheit zu erklären.

- Bei Diskussionen, die mit Diskriminierung einhergehen, achtet jede Person darauf, ob sie vom Inhalt der Diskussion betroffen ist. Je nachdem gibt die Person der eigenen Meinung unterschiedlich Gewicht.
- Es ist uns bewusst, das auch Menschen, die von bestimmten Machtverhältnissen diskriminiert werden, diese verinnerlicht haben. Daher werden auch beispielsweise Trans*personen trans*diskriminierend handeln. Teil von Empowerment ist es, verinnerlichte Diskriminierungen reflektieren zu lernen.[26]

Bezogen auf die geschilderte Situation zum Thema Namens- und Pronomenrunde haben Stimmen von trans*_genderqueeren Personen laut dieser Grundhaltung mehr Gewicht. Als privilegierte Person an dieser Stelle Bedürfnisse zurückzustellen, ist für mich ein verantwortungsvoller Umgang mit Privilegien. Die Haltung, dass die Stimme von diskriminierten Menschen in Bezug

26 https://queer-at-school.de/?page_id=575 (aufgerufen am 11.03.2019)

auf dieses Herrschaftsverhältnis mehr Gewicht erhalten sollte als die von Privilegierten, ist nicht demokratisch und für manche Menschen irritierend. Ein Grundverständnis sollte daher von Anfang an offen gelegt werden. Dadurch können Menschen entscheiden, ob sie sich dieser anschließen und im Projekt mitarbeiten möchten.

Gleichzeitig habe ich manchmal Angst meine Machtposition zu nutzen. Dennoch kann und will ich nicht mit Menschen zusammenarbeiten, für die manche Standards nicht gelten. Ich entscheide mich trotz Schamgefühlen antidiskriminierende Normen festzulegen.

Auch im Privaten hilft mir ein Netz aus anderen Menschen mit einer ähnlichen Haltung, Erfolge normkritisch zu definieren und wahrzunehmen. Darüber bin ich sehr dankbar. Es ist für mich eine Motivation mich immer und immer wieder von diskriminierenden Normen zu distanzieren, auf breite Anerkennung zu verzichten und normkritisch zu handeln. Abschließend hierzu ein Zitat von Jay Keim:

»Gewalt und Diskriminierung isolieren. Kapitalismus lehrt Konkurrenzverhalten. Krisen lassen Rückzug attraktiv erscheinen. In solchen Situationen fällt es mir nicht immer leicht, zum Hörer zu greifen und andere um Unterstützung zu fragen. Ich will keinen weiblichen Stereotypen entsprechen und mime deswegen lieber die Starke. Doch was mir wirklich in Krisensituationen hilft, ist die Verbundenheit mit anderen: Mich von der Zuversicht anderer anstecken zu lassen, Lebensfreude zu tanken, mich an der Schulter einer Freundin ausheulen zu können, mich in mein soziales Netz fallen zu lassen und darauf vertrauen zu können, dass ich gehalten werde.« (Keim 2013b)

# Tag 5: Scham und Bedürfnisse kommunizieren

*Mir geht es gerade in meiner Politgruppe nicht gut. Menschen, die zugesagt haben Aufgaben zu übernehmen, erledigen diese nicht, ohne es zu kommunizieren. Leute kommen nicht zu Treffen, ohne vorher abzusagen. Ich spüre daher den Druck, mehr Verantwortung zu übernehmen. Gleichzeitig merke ich, dass die Mehrübernahme von Verantwortung mich belastet, solange ich das Gefühl habe, anderen Menschen ist die – eigentlich ja gemeinsame – Sache egal. Ich fühle mich einsam. Die Tatsache, dass irgendwas gerade nicht so gut funktioniert, ist Lalu auch bewusst. Wir hatten ein Gespräch darüber. Lalu ist in der Gruppe am längsten aktiv. Fünf Tage nach unserem 2er-Gespräch hatten wir seit langem ein Gruppentreffen, zu dem fast alle ge-*

*kommen sind. Ich bin fest davon ausgegangen, dass wir das Treffen nutzen, um über Bedürfnisse, Wünsche und Erwartungen in der Zusammenarbeit zu sprechen. Ich hatte gehofft, dass es mir nach dem Treffen besser geht. Beides war leider nicht der Fall. Bei dem Treffen war eine heitere ausgelassene Grundstimmung. Es wurde über Wunschurlaubsziele, Krankheiten und Hobbys gesprochen. Eigentlich haben alle anderen darüber gesprochen und ich habe zugehört. Von Minute zu Minute ging es mir schlechter. Wie kann das sein, dass alle so gut gelaunt sind? Wie ist es möglich, dass keine Person das Bedürfnis hat über die Dinge zu sprechen, die für mich so offensichtlich nicht gut funktionieren? Die Zeit verstreicht. Irgendwann ist nur noch eine Stunde von dreien übrig. Es gibt bereits zwei feste Themen, die besprochen werden müssen. Lalu moderiert und fragt, ob es neben den beiden Themen noch weitere gibt, die irgendwer besprechen möchte. Ich fühle mich handlungsunfähig und denke nicht, dass es möglich ist, meine Unzufriedenheit in der vorhandenen Zeit zusätzlich zu den beiden Themen zu besprechen. Das Treffen ist vorbei. Ich will nur noch weg; bin sauer und wütend. Wütend auf die anderen und wütend auf mich. Warum habe ich nichts gesagt? Ich schäme mich dafür, dass ich nicht mitgelacht und keine lustige Urlaubsgeschichten geteilt habe. Ich fühle mich noch einsamer als zuvor. Ist alles allein mein Problem? Geht es allen gut so, wie es ist? Bin ich das Problem? Ich denke ernsthaft darüber nach, aus der Gruppe auszusteigen.*

## Wie Scham und Bedürfnisse kommunizieren?

Im letzten Abschnitt habe ich darüber geschrieben, dass es für mich wichtig ist, Scham zu teilen und mich zu zeigen. Die Umsetzung fällt mir immer wieder und immer wieder neu schwer, wie die Situation zeigt, die sich übrigens tatsächlich nach dem Schreiben der vorherigen Seiten ereignete. Ich hatte beschrieben, dass es mir hilft, mich mit Menschen zu umgeben, die ähnliche Werte teilen. Sich in ein Netz aus Menschen mit ähnlichen Werten fallen lassen zu können, erleichtert diskriminierungskritisches Handeln. Doch ähnliche Werte stricken offensichtlich dieses Netz nicht von alleine, oder? Ich nehme ähnliche Werte bei den Menschen aus meiner Politgruppe an. Ich fühle mich dennoch einsam und unwohl in der beschriebenen Situation. Offensichtlich existiert das Netz nicht aus sich selbst heraus auf Grundlage von geteilten Werten. Schade eigentlich. Und woher weiß ich eigentlich, mit wem ich welche Werte teile? Oftmals wird nicht über diese gesprochen. Meinem Eindruck nach werden ähnliche Werte zugeschrieben, sobald sich Leute in bestimmten Räumen aufhalten.

Beispielsweise stellen sich queere Orte häufig als diskriminierungskritisch dar. Menschen, häufig mehrfachdiskriminierte, wenden dankenswerterweise hin und wieder Energie auf, um auf den Widerspruch zwischen Anspruch und Umsetzung hinzuweisen.

Wie können wir über Werte und die Umsetzung dieser sprechen, um gemeinsam ein Netz zu weben, das möglichst viele Menschen zuverlässig auffängt? Wie könnte eine Ausgestaltung von Beziehungsräumen geschehen? Wie kann ich dafür sorgen, dass meine Bedürfnisse gehört werden? Beim Schreiben des Buches bin ich nach und nach zu einer Erkenntnis gekommen: dass die Frage danach, wie ich mich bestmöglich in bestimmten Situationen verhalten möchte, heruntergebrochen werden kann auf eine weitere Frage. Diese lautet: Was möchte ich nach innen und nach außen kommunizieren? Kommunikation ist das Mittel der Gestaltung und des Aushandlungsprozesses. Wie kann das Mit_teilen von Scham, anderen Emotionen und Bedürfnissen gelingen?

## Welcher Zusammenhang besteht zwischen Kommunizieren, Scham, Diskriminierungen und Privilegien?

Ich beobachtete, dass ich von Menschen, denen ich ähnliche Werte und eine diskriminierungskritische

Grundhaltung zuschreibe, mehr erwarte, als von solchen, von denen ich dies nicht annehme. Häufig unterstelle ich diese Werte lediglich, nehme ähnliche Bedürfnisse an und erwarte, dass es weniger Kommunizieren und Aushandeln bedarf. Insgeheim wünsche ich mir, dass ich gar nicht mehr sagen muss, was ich brauche, sondern, dass wir uns wortlos verstehen. In der beschriebenen Situation habe ich wenig mit den Beteiligten gesprochen. Nehme ich an, dass ich die anderen Menschen wortlos verstehe? Ich bin davon ausgegangen, dass die Anderen meine Wahrnehmung der Situation teilen. Ich habe angenommen, dass die Person, die moderiert und am längsten dabei ist, die Verantwortung übernimmt, Missstände anzusprechen. Ich hatte die Erwartung, dass ich den Aushandlungsprozess nicht anstoßen muss und habe dann letztendlich zu lange gewartet. Meine Hoffnungen diesbezüglich wurden enttäuscht. In der Situation bin ich perplex und sauer. Es schaltet sich Janosh ein: »So kannst du nicht mit dir umgehen lassen! Wer so mit Bedürfnissen umgeht, hat deine Anwesenheit nicht verdient!« Sie lenkt den Kurs auf Rückzug und rät mir auszusteigen – aus der Situation oder Gruppe und mich von den Menschen zu distanzieren, die mich enttäuscht haben. Nun beim darüber Schreiben schaltet sich Fritzi ein: »Aber jetzt mach mal einen Punkt! Du willst aus der Gruppe aussteigen, weil sie deine Bedürfnisse nicht respektieren? Woher soll denn ir-

gendwer deine Bedürfnisse kennen, wenn du sie nicht äußerst? Und es war doch nicht nur die fehlende Zeit, die dich davon abgehalten hat mit deiner Unzufriedenheit die heitere Stimmung zu kippen, oder? Und warum bewertest du das Ansprechen einer Unzufriedenheit als das Kippen von heiterer Stimmung? Namiko, hast du Angst – Angst, dass dich Leute nicht mehr mögen, wenn du deine Bedürfnisse äußerst?« In der Auseinandersetzung mit Adultismus wurde bereits klar, dass Wahrnehmen und Äußern eigener Bedürfnisse gezielt abtrainiert werden. Marshall B. Rosenberg drückt dies wie folgt aus:

»Wir lernen früh uns von dem abzuschneiden, was in unserem Inneren vorgeht. Lebensentfremdende Kommunikation rührt von hierarchischen Gesellschaften her, deren Funktionieren von einer großen Anzahl von schwacher, unterwürfiger Bürger [sic!] abhängt – gleichzeitig fördert lebensentfremdende Kommunikation diese Hierarchien.« (2010: 42) Mit lebensentfremdender Kommunikation meint Marshall B. Rosenberg eine Sprache, die verletzt und verhindert, anderen Einfühlungsvermögen entgegen zu bringen.

In dem geschilderten Beispiel habe ich ent_wahrgenommen, dass ich dafür verantwortlich bin meine Gedanken, Gefühle und Bedürfnisse mitzuteilen. Nur dann können sie überhaupt von anderen wahrgenommen werden und nur wenn ich meine Bedürfnisse selbst ernst nehme, können sie erfüllt werden.

## Einfühlsame Kommunikation als Strategie, Bedürfnisse und Scham zu kommunizieren

Marshall B. Rosenberg benennt Strategien, wie Bedürfnisse und Gefühle kommuniziert werden können. Er bezeichnet dies als einfühlsame Kommunikation. Durchgesetzt hat sich allerdings der Name »gewaltfreie Kommunikation«, den ich nicht verwende. Mir gefällt es besser zu benennen auf was ich abziele, also Einfühlsamkeit, als was ich vermeide, also Gewalt. Das Konzept von Rosenberg finde ich hilfreich. Mir fällt es wirklich schwer meine Bedürfnisse wahrzunehmen, geschweige denn zu äußern. Ich habe dann gleich Janosh im Kopf, die distanziert und unterkühlt argumentiert, um Namiko zu beschützen. Dadurch kann ich Angst (vgl. Tag 2) schwer spüren. Oder Jürgen verhindert mit Selbstabwertung (vgl. Tag 3) im Kontakt mit mir zu sein und Gefühle wahrzunehmen. Diese können Hinweise für Bedürfnisse sein. Mir hilft es, mich damit auseinanderzusetzen, wie ich meine Bedürfnisse auf einfühlsame Weise – mir und anderen gegenüber – konkret äußern kann.

Die Komponenten der einfühlsamen Kommunikation bestehen aus 1. Wahrnehmung, 2. Gefühle, 3. Bedürfnisse und 4. Bitten äußern. Ein Beispielsatz lautet: Wenn ich sehe, dass du um 23:00 abends immer noch vor deinem PC sitzt (Wahrnehmung), mache ich mir Sorgen (Gefühle). Weil mir wichtig ist, dass es dir gut geht (Bedürfnis), bitte ich dich, genügend Pausen einzulegen (Bitte) (vgl. Rosenberg 2016: 21f).

Was wäre eine alternative Kommunikation zu der beschriebenen Situation in der Politgruppe?

Ich schreibe: Mir geht es gerade in meiner Politgruppe nicht gut. Menschen, die zugesagt haben Aufgaben zu übernehmen, erledigen diese nicht, ohne das zu kommunizieren. Leute kommen nicht zu Treffen, ohne vorher abzusagen. Ich fühle mich verantwortlich, dass Dinge am Ende funktionieren. Gleichzeitig merke ich, dass die Übernahme von Verantwortung mich belastet, solange ich das Gefühl habe, anderen Menschen ist die – eigentlich ja gemeinsame – Sache egal.

### 1. Komponente: Beschreiben statt bewerten (vgl. Rosenberg 2016: 37ff)

Jürgen beobachtet die Situation während des Treffens sehr genau und bewertet die Verantwortungsübernahme der einzelnen Gruppenteilnehmer*innen als unzureichend, entsprechend meiner Vorstellung und meines Bedürfnisses. Sie bewertet in der Situation die Stimmung als ausgelassen, eigentlich auch als unangemessen. Der Maßstab der Bewertungen sind meine Bedürfnisse und_oder Wertvorstellungen. Ich kann der Grantlhuberin Jürgen zuhören und dies als Anlass nehmen, mein Bedürfnisse dahinter wahrzunehmen. Das

Gemoser alleine und das Ärgern darüber, dass Handlungen nicht meinen Bedürfnissen entsprechen, verändern jedoch nichts an der Situation. Ich werde lediglich wütend. Janosh schaltet sich ein. Sie baut sich auf und bildet Mauern zwischen mir und meinem Umfeld. Meine Wahrnehmung schränkt sich ein. Ein erster Schritt könnte sein, Beobachtung und Bewertung voneinander zu trennen. Es eröffnet Räume für verschiedene Bewertungen und Interpretationen.

Wie könnte ich das auf die Situation mit meiner Politgruppe übertragen? Ich nehme wahr, dass ich unzufrieden bin. (Mir geht es gerade in meiner Politgruppe nicht gut.) Ich sehe andere Menschen lachen und Smalltalk führen. (Es wurde über Wunschurlaubsziele, Krankheiten und Hobbys gesprochen.) Ich bewerte das als Zeichen, dass es allen anderen gut geht. Ich nehme die restlichen Menschen als zufriedene Einheit wahr und mich als alleinig Unzufriedenen. Diese Rolle kenne ich aus verschiedenen Kontexten gut. Ob alle anderen Menschen wirklich zufrieden sind, weiß ich jedoch nicht – es ist meine Interpretation. Vielleicht ist es für manche Menschen auch nicht ideal, wenn sie es nicht schaffen, zugesagte Aufgaben zu erfüllen. Was hat es für Gründe, dass dies nicht geschieht? Ich kenne sie nicht. Vielleicht sind andere Menschen ähnlich konfliktscheu wie ich und haben Angst, dass Schwierigkeiten angesprochen werden. Sie müssten sich dann auch entscheiden, ob sie sich trauen Bedürfnisse anzusprechen und eine mögliche Angst überwinden, dass andere sie dann nicht mehr mögen könnten. Vielleicht reden sie deswegen über »Belangloses« oder kommen nicht zu Treffen? Das alles weiß ich nicht. Aber ich merke, dass es für mich hilfreich ist, mir alternative Interpretationen auszudenken. Das hilft mir, Beobachtungen von Bewertungen zu trennen. Wenn ich dies nicht tue, rutsche ich schnell in Reaktionsketten. Jürgen kritisiert. Janosh bewertet das Verhalten als böse Absicht und versteinert und distanziert sich, um Namiko zu schützen. Das Trennen ermöglicht Fragen zu stellen und sich Bedürfnissen anderer Menschen zuzuwenden.

### 2. Komponente: Gefühle wahrnehmen statt Gedanken benennen (vgl. Rosenberg 2016: 47ff)

Über den Nutzen, meine Gefühle und Scham wahrzunehmen, habe ich im Abschnitt zu Tag 1 geschrieben. Nun, fast am Ende des Buches, bin ich erneut bei dem Thema angelangt. Ich überlege beim Schreibprozess die neuen Erkenntnisse, die ich in der Auseinandersetzung mit empathischer Kommunikation gewonnen habe, in das anfängliche Kapitel einzuarbeiten. Ich habe mich dagegen entschieden. Lernen geschieht nicht stringent. Wiederholungen sind wichtig. Es ist nun einmal nicht so, dass ich mich an einem Tag mit etwas auseinandersetze und check: ich brauche mich nie wieder damit beschäftigen. Ich muss mich selbst immer wieder daran erinnern, mit mir selbst in Kontakt zu sein. Außerdem habe ich bemerkt, dass es gar nicht so einfach ist festzustellen, was eigentlich Gefühle sind, was Bewertungen und was Verantwortungszuschreibungen an andere, die ich vielleicht als Gefühl ausgedrückt habe. Dies ist der Fall in Sätzen wie: »Ich fühle mich missverstanden. Ich fühle mich wertlos.« Das sind doch Benennungen von Gefühlszuständen, oder? Wenn ich so frage, wahrscheinlich nicht. Aber lange habe ich das als selbstverständlich angenommen. Von Marshall B. Rosenbergs Büchern habe ich gelernt, dass beides eher Gedanken als Gefühle sind – und zwar Gedanken dazu, was ich über mich denke, über andere Personen oder dazu, was andere vermeintlich von mir denken könnten. Vereinfacht ausgedrückt: »Ich fühle mich missverstanden« beschreibt doch eigentlich, dass ich denke, eine andere Person verstünde mich nicht. Oder? Es ist meine Interpretation des Verhaltens einer anderen Person und kein Gefühl. Ein Beispiel: Ich sage, dass ich erschöpft bin und wünsche mir eigentlich – vielleicht unbewusst – dass mir die andere Person zuhört und nachfragt, warum das so ist. Die andere Person erwidert: »Dann gehe ich jetzt nach Hause, damit du dich ausruhen kannst.« Meine Äußerung: »Ich bin erschöpft«, wird als Appell missverstanden, »bitte lass mich alleine ausruhen«. Mein Bedürfnis des Gehörtwerdens wurde so nicht erfüllt. Dahinter liegen Gefühle wie

Trauer oder Einsamkeit. Auch »wertlos« ist kein Gefühl. Es ist eine Bewertung von mir selbst. Diese macht klar, dass mein Bedürfnis nach Anerkennung nicht erfüllt ist. Ich empfinde zu wenig Freude oder Glück beim Zusammensein mit mir und bei dem, was ich tue.

Um Gefühle zu formulieren ist der Satzbeginn »ich habe das Gefühl, dass…« oder »ich fühle mich…« eher missverständlich. Wenn es sich um eine »echte« Gefühlsäußerung handelt, dann kann »ich fühle mich…« durch »ich bin…« ersetzt werden: »Ich fühle mich erleichtert!« Oder: »Ich bin erleichtert!«

Um Gefühle auszudrücken, empfinde ich es als hilfreich meinen Gefühlswortschatz auszubauen:

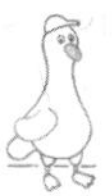

»Warum wird nun sogar das Äußern von Gefühlen so spitzfindig reguliert?«, fragt Janosh, »aus Angst, dass sich Namiko nicht mehr traut seine Angst zu äußern?«

»Darum geht es doch nicht«, moderiere ich. Selbstverständlich können Zustände geäußert werden, wie mensch das möchte. Aber bei Komponente 1 wurde ja bereits beschrieben, wie hilfreich es ist, Beobachten von Bewerten zu trennen. Gefühle sind gewissermaßen ein Beobachten des eigenen Innenlebens. Und auch ein solches Beobachten vermischt sich schnell mit Bewerten. Daher kann es hilfreich sein, sich einen Wortschatz zuzulegen, der Gefühle beschreibt, ohne vorschnell eine Situation zu bewerten.

## FRAGEN ZUM WEITERDENKEN UND AUFSCHREIBEN:

Erinnerst du dich an eine Situation, in der deine Bedürfnisse erfüllt worden sind? Wie hast du dich da gefühlt? Wenn ich meine Bedürfnisse beschreibe, wahrnehme und differenziere, bin ich zum Beispiel ausgeglichen, fröhlich, glücklich, erleichtert oder zufrieden.
Erinnerst du dich an eine Situation, in der deine Bedürfnisse nicht erfüllt worden sind? Wie hast du dich da gefühlt? Wenn meine Bedürfnisse nicht erfüllt sind, bin ich zum Beispiel ängstlich, besorgt, frustriert, streitlustig, teilnahmslos oder verletzt. Und meistens sogar vieles davon gleichzeitig.
Welche Worte möchtest du sonst noch in deinen Gefühlswortschatz aufnehmen? Fällt es dir schwer Worte für Gefühle zu finden?
Lian fügt hinzu: »Und für welche Gefühlsausprägungen ist es leichter/schwerer Worte zu finden?« Online findest du jede Menge Listen von Gefühlen, die dir helfen können, Worte zu finden, um deine Gefühle differenziert und präzise zu benennen.

### 3. Komponente: Bedürfnisse – im Kontakt bleibend – äußern (vgl. Rosenberg 2016: 59ff)

In der geschilderten Situation mache ich die anderen Menschen für meine Gefühle und die nicht-erfüllten Bedürfnisse verantwortlich. Weil ich die anderen als unzuverlässig erlebe, nehme ich zu viel Verantwortung auf mich und überlaste mich selbst. Namiko möchte es auch allen recht machen und, dass alle mit mir zufrieden sind. Gleichzeitig meldet sich Janosh zu Wort und ärgert sich darüber, dass ich, ihrer Meinung nach, Verantwortlichkeit zeigen muss. Meine innere Haltung schlägt kurz darauf ins Gegenteil um. Ich überlege die Politgruppe zu verlassen: Mir reicht es und ich kümmere mich nur noch darum, dass es mir gut geht. Wie kann es gelingen, eigene Bedürfnisse ernst zu nehmen und gleichzeitig im Kontakt zu bleiben? Empathische Kommunikation legt das Augenmerk darauf, »dass das, was andere sagen oder tun, ein Auslöser für unsere Gefühle sein mag, aber nie ihre Ursache ist.« (Rosenberg 2016: 59) Mein Ziel ist es, meine Bedürfnisse auf eine Art zu kommunizieren, die deutlich macht, dass neben meinen eigenen Bedürfnissen mir auch die Bedürfnisse anderer am Herzen liegen. Die kann ich vielleicht erst dann hören, wenn ich mir zunächst selbst zuhöre.

Mir hilft es, zu üben, verschiedene Komponenten empathischer Kommunikation zu formulieren:

Wenn ich mitbekomme, dass Menschen nicht zu den Treffen kommen, ohne abzusagen (was nehme ich wahr?), bin ich traurig (was fühle ich dabei?), weil ich mir Verbindlichkeit in der Zusammenarbeit wünsche (welches Bedürfnis steckt dahinter?).

Wenn ich mitbekomme, dass Menschen Aufgaben, die sie übernehmen wollten, nicht erledigen und das nicht kommunizieren (was nehme ich wahr?), bin ich sauer (was fühle ich?), weil ich mir Zuverlässigkeit, Verbindlichkeit oder Ordnung wünsche (welches Bedürfnis steckt dahinter?).

### 4. Komponente: Um das bitten, was ich brauche (vgl. Rosenberg 2016: 75ff)

Die letzte Komponente von einfühlsamer Kommunikation – neben Wahrnehmungs-, Gefühls- und Bedürfnisäußerung, ist, eine Bitte zu formulieren, deren Erfüllung das eigene Bedürfnis befriedigt. Zum Beispiel so: Wenn ich mitbekomme, dass Menschen in der Gruppe Aufgaben, die sie übernehmen wollten, nicht erledigen, ohne das zu kommunizieren, bin ich sauer, weil ich mir Zuverlässigkeit wünsche. Ich bitte euch darum, dass ihr jedes Mal, wenn ihr etwas nicht schafft, im Plenum Bescheid sagt, damit wir vereinbaren können, welche Person die Aufgabe stattdessen erledigen kann oder ob wir sie auf Eis legen.

Bei der Formulierung der Bitte ist es hilfreich, wenn es sich um eine konkret machbare Handlung handelt. Zu bitten, dass alle in Zukunft zuverlässiger sind, ist beispielsweise keine konkret machbare Handlung.

In der geschilderten Situation und nach dem Zweiergespräch mit Lalu, hatte ich insgeheim gehofft, dass Lalu versteht, was mein Bedürfnis ist und daher von sich aus anspricht, wie wir zukünftig (besser) zusammenarbeiten könnten. Ich hatte gehofft, dass Lalu weiß, was ich möchte und danach handelt. Das war nicht der Fall. Vielleicht wäre die Situation anders verlaufen, wenn ich Lalu gebeten hätte das Thema auf die Tagesordnung zu setzen, wenn ich also mein Bedürfnis, dass Lalu es anspricht, explizit gemacht hätte.

Warum fällt es mir so schwer, um das zu bitten, was ich brauche?

Muss ich wissen, wie es mir gerade geht und was meine Bedürfnisse sind, um darum zu bitten, was ich möchte? Wenn ich Gefühle und Bedürfnisse schwer wahrnehme, kann ich folglich auch nicht wissen, was ich will und worum ich bitten soll.

Ich habe aber auch schon die Erfahrung gemacht, dass es anders herum funktioniert. Wenn ich davon ausgehe, dass eine Bitte und damit auch das Bedürfnis dahinter unerfüllt bleibt, dann habe ich kein Gefühl dazu. Fritzi schaltet sich ein: »Aber eigentlich kannst du nicht

sicher wissen, ob eine Bitte und ein Bedürfnis unerfüllt bleibt, bevor du sie ausgesprochen hast, oder?« Das stimmt: gleichzeitig kann ich ungefähr einschätzen, wie bereitwillig meine Bitte erfüllt wird. Ob die andere Person, wenn ich sie beispielsweise darum bitte, einen anderen Namen für mich zu verwenden sagt: »Na klar! Cooler Name!«, oder ob sie eher mit Unverständnis erwidert: »Hä? Wieso das denn? Ob ich das wirklich schaffe, weiß ich nicht!«. Letztendlich gebe ich dem Bedürfnis jedoch erst eine Chance erfüllt zu werden, wenn ich es und die dazugehörige Bitte ausspreche. Dieser Aspekt passt gut zu den Überlegungen, inwiefern ich einer Person nah bin. Schafft Bedürfnisse und Bitten zu äußern ebenfalls Nähe? Ich merke, wie schwer es mir fällt, Bitten zu äußern, die für eine andere Person – in meiner Wahrnehmung – unbequem sind. Aabid und Namiko verbünden sich mal wieder. Sie möchten nicht zur Last fallen. Sie haben Angst, dass mich der Mensch dann nicht mehr mag.

An dieser Stelle möchte ich nochmal den Bogen zu Diskriminierung und Privilegierung spannen: Ein Mensch, der diskriminierungskritisch und privilegienbewusst handeln möchte, kommt wahrscheinlich öfter in die Situation, Menschen um etwas zu bitten, das zunächst auf Abwehr stößt. Sei es eine Bitte, einen bestimmten Namen oder ein Pronomen zu verwenden oder das N-Wort nicht zu benutzen, oder, oder… Mir fällt meine

Auseinandersetzung mit eigenen Werten ein. Was ist mir wichtiger? Dass mich alle Menschen mögen oder dass mein Bedürfnis in einer möglichst gerechten Welt zu leben, erfüllt wird? Ich habe gelernt, dass ersteres sehr wichtig ist. Ich habe gelernt mich vor Kritik zu verschließen. Kritik wird oft als Hinweis für Versagen verstanden, in einer Welt, die leistungsorientiert ist, in der Menschen versuchen sich mehr und mehr selbst zu optimieren. Mensch ist in einer kapitalistischen Logik nicht mehr verwertbar »oder gescheitert, weil mensch sich nicht ›genug angestrengt‹ hat«, ergänzt Lian. Ich habe gelernt, dass ich nicht zur Last fallen darf und das Nicht-Erfüllen meiner Bedürfnisse durch andere als eigenes Versagen zu bewerten, wofür ich mich schämen sollte. Ich habe Angst davor, Bitten zu formulieren, Angst davor, anderen Menschen »zur Last« zu fallen oder unbequem zu sein; Angst, dass mich andere Menschen nicht mögen. Manchmal distanziere ich mich dann lieber von den Menschen, als mir und anderen die Chance zu geben, zu erfahren, ob sie mich »aushalten« oder meine Bitte gar keine Last darstellt. Vielleicht kommen sie der Bitte ja trotzdem nach? Kann ich es ertragen, dass sich ein Mensch für mich gerne bemüht? Habe ich Angst davor, dass Bemühen nicht bedingungslos geschieht? Halte ich es aus, dass eine andere Person Energie für mich aufwendet, ohne dass ich ein schlechtes Gewissen bekomme? Traue ich der Person zu, dass sie mir sagen wird, dass sie meiner Bitte nicht nachkommen kann oder möchte? Halte ich es aus, dass meine Bitte zurückgewiesen wird, nachdem ich mich geöffnet und getraut habe, mich zu zeigen? Ich weiß es nicht. Gleichzeitig möchte ich mich immer wieder dafür entscheiden, dass mir das Erfüllen meiner eigenen Bedürfnisse wichtiger ist, als es anderen recht zu machen und bequem zu sein. Und ja, ich bin der Meinung, dass es sich um ein Bedürfnis handeln kann, in einer Welt zu leben, die möglichst gerecht ist. Meinetwegen entscheide ich mich für das Teilen meiner Bedürfnisse auch aus dem Grund, dass sich früher oder

später Janosh mit »Es reicht!« einschalten wird. Sie hat keine Lust darauf sich zurück zu nehmen, distanziert sich dann mit einem inneren Wutausbruch und ich fühle mich einsam.

Marshall Rosenberg unterscheidet zwischen Bitten und Forderungen. Eine Bitte charakterisiert, dass die Person, die sie ausspricht, bei Nichterfüllung nicht mit Vorwürfen reagiert oder Schuldgefühle auslösen möchte. Bei der Äußerung einer Bitte bin ich genauso daran interessiert zu erfahren, was die Bedürfnisse der anderen Person sind (Rosenberg 2016: 85ff). Ziel bei der Formulierung einer Bitte ist es, die Qualität der Beziehung bezüglich Einfühlsamkeit zu verbessern. Es geht also niemals nur darum, die eigene Wahrnehmung, Gefühle, Bedürfnisse und Bitten zu äußern, sondern auch darum, vom Gegenüber zu erfahren, was diese*r beobachtet, fühlt, braucht und bittet. Das hört sich für mich im ersten Moment etwas abstrakt an. Wie soll das beispielsweise funktionieren, wenn ich mit einer diskriminierenden Äußerung konfrontiert werde?

Lida van den Broek schreibt, dass sich hinter diskriminierenden Äußerungen häufig eigene Unzufriedenheit verbirgt. Möchte ich in einer bestimmten Situation wirklich Empathie für die eventuell geäußerte Unzufriedenheit aufbringen und gleichzeitig darauf hinweisen, dass Diskriminierung keine Änderung der eigenen Unzufriedenheit zur Folge hat? Das wird mir bestimmt nicht in jeder Situation möglich sein und hängt absolut davon ab, in welcher Beziehung ich zu der anderen beteiligten Person stehe und was sie genau gesagt hat; »außerdem auch davon, in welcher Situation/in welchem Kontext das Ganze geschieht und wie ich und die jeweils andere Person zu der diskriminierenden Äußerung positioniert sind«, fügt Lian hinzu. Manchmal ist es vielleicht auch hilfreich – egal wie – aus der Situation zu gehen und sich selbst Empathie zu geben, um verinnerlichte Diskriminierungen nicht zu stark werden zu lassen. Das Erleben einer diskriminierenden Situation auf individueller Ebene ist wahrscheinlich auch eine der schwierigsten, um empathische Kommunikation zu üben. Wie kann ich in anderen Situationen neben dem Äußern der vier Komponenten auch empathisch zuhören? Oft spielt sich viel zu viel (unbewusst) in meinem Kopf ab. Ich bin schnell in der Angst, wie es sich anfühlt, wenn eine Bitte zurückgewiesen wird, und Janosh verteidigt mich. Schwups ist das Thema für mich unfassbar emotional aufgeladen. Dementsprechend begebe ich mich mit einer gewissen Anspannung in eine Situation, und mir ist es nicht mehr möglich, einfach mal danach zu fragen, wie es einer Person mit einer bestimmten Thematik geht. Kennt ihr die Geschichte mit dem Hammer von Paul Watzlawik? Sie bringt mein Verhalten auf den Punkt:

»Ein Mann will ein Bild aufhängen. Den Nagel hat er, nicht aber den Hammer. Der Nachbar hat einen. Also beschließt unser Mann, hinüberzugehen und ihn auszuborgen. Doch da kommt ihm ein Zweifel: Was, wenn der Nachbar mir den Hammer nicht leihen will? Gestern schon grüßte er mich nur so flüchtig. Vielleicht war er in Eile. Aber vielleicht war die Eile nur vorgeschützt, und er hat etwas gegen mich. Und was? Ich habe ihm nichts angetan; der bildet sich da etwas ein. Wenn jemand von mir ein Werkzeug borgen wollte, ich gäbe es ihm sofort. Und warum er nicht? Wie kann man einem Mitmenschen einen so einfachen Gefallen abschlagen? Leute wie dieser Kerl vergiften einem das Leben. Und dann bildet er sich noch ein, ich sei auf ihn angewiesen. Bloß weil er einen Hammer hat. Jetzt reicht's mir wirklich. – Und so stürmt er hinüber, läutet, der Nachbar öffnet, doch bevor er ›Guten Tag‹ sagen kann, schreit ihn unser Mann an: ›Behalten Sie Ihren Hammer, Sie Rüpel!‹ Wieder in seiner Wohnung sitzt er da mit seinem Bild in der Hand – enttäuscht und verzweifelt über seine Mitmenschen. Und er beschließt ganz fest: ›Nie wieder sprech ich einen an!‹« (Watzlawick 2007: 37f)

Es scheint mir eine sehr gute Strategie zu sein, um mit meinen Ängsten umzugehen, zunächst nach der eigenen Wahrnehmung, eigenen Gefühlen und Bedürfnissen diesbezüglich zu fragen. Bezogen auf die Situation in der Politgruppe, hätte ich das Thema »Zusammenarbeit« auf die Tagesordnung gesetzt und zunächst nachgefragt, wie es allen damit gerade geht und was sie sich zukünftig wünschen. Und vielleicht hätte sich dann bereits herausgestellt, dass andere Menschen ähnliche Bitten haben wie ich.

## Kritik als Lernangebot verstehen

Neben den vier Komponenten der Empathischen Kommunikation benenne ich im Folgenden noch zwei weitere Strategien, um Scham und Bedürfnisse zu kommunizieren. Genauer genommen geht es dabei darum, neben Scham auch Unterschiede und Kritik zu umarmen:

Es gab und wird auch in Zukunft Situationen geben, in denen ich andere Menschen verletze und_oder diskriminiere, ohne es zu bemerken. Ich werde Grenzen überschreiten und meine Bedürfnisse werden immer etwas anders sein als die meines Gegenübers. Wenn mir ein Mensch das in diesen Situationen oder auch später zurückmeldet, ist das eine Chance, privilegienbewusst (oder einfach empathisch, wenn es nicht um Diskriminierungen/Privilegien geht) zu reagieren. Wie ist es möglich, einen Raum zu schaffen, in dem unterschiedliche Bedürfnisse als Bereicherung und Kritik als Lernangebot verstanden wird? Jay Keim schreibt zu dieser Thematik:

»Die Herausforderung ist aufgerichtet zu bleiben, nicht vor Scham- und Schuldgefühlen zu versinken oder zu verschwinden, wenn Kritik an mich herangetragen wird. Aufgerichtet zu bleiben, um eine Fläche zu bieten, an der die Kritik nicht abprallt, sondern möglichst viele Öffnungen zu schaffen, um Kritik aufzunehmen. Immer wieder aufrichten, weil die Welt mich klein halten möchte. Immer wieder aufrichten aber auch, weil ich mich selbst nicht als Opfer denken will und ich nicht so tun muss, als würden mir nicht auch Räume geboten, wo ich mich auf Kosten anderer ausdehnen kann. Zu verweigern diesen Raum zu nehmen und trotzdem aufgerichtet zu bleiben.« (Keim 2013c)

Ich finde dies ein sehr schönes Bild, eine sehr passende Haltung: aufgerichtet bleiben und mich in Momenten, in denen Kritik oder unterschiedliche Bedürfnisse an mich herangetragen werden, zu öffnen und dies als Chance der Verbindung wahrzunehmen.

## Sprechen über Unterschiede schafft Verbindungen

Eine weitere Strategie, um in Verbindung zu sein, ist es, neben Scham bewusst auch mehr über Unterschiede zu sprechen, als wortlos ähnliche Werte und Bedürfnisse anzunehmen:
*Wir hatten das schon lange vor. Einige Wochen haben wir es immer wieder verschoben. Das war mir ganz recht. Ich hatte Angst, nach wie vor Angst, dass ich mich dadurch verletzlich mache. Innerhalb meines Sozialarbeitsstudiums wurde die eigene Biographie komplett ausgeblendet. Dürfen Sozialarbeiter*innen Unterstützung durch irgendwelche Einrichtungen nicht annehmen? Bevor ich angefangen habe in der queeren Jugendhilfe zu arbeiten, wäre mir niemals in den Sinn gekommen, persönliche Dinge zu teilen, die Abweichungen von Normalpositionierungen offenbaren, und beispielsweise davon zu erzählen, dass ich früher selbst in einem betreuten Jugendwohnen gelebt habe. Eigene Erfahrungen als sogenannte*r Klient*in, wurden auch im Sozialarbeitsstudium niemals angesprochen und somit tabuisiert. Ich fände das jedoch super wich-*

*tig. Denn es ist sehr wahrscheinlich, dass Sozialarbeiter*innen auch selbst Unterstützung gesucht haben. Es wäre notwendig einen Reflektionsraum zu bieten, um einen eigenen Umgang damit zu finden. Auch in vorherigen Arbeitsstellen wurde innerhalb des Kollegiums nicht über eigene »Betroffenheit« gesprochen. In einer Teamsitzung haben wir es dann letztendlich gewagt. Jede Person hat, ohne unterbrochen werden zu dürfen, erzählt, welche Aspekte der eigenen Identität wichtig sind. Dieser Austausch hatte etwas unglaublich Intimes, Schönes und Verbindendes.*

Es kann eine Strategie sein, sich auf die Unterschiede in Kontexten, in denen geteilte Werte angenommen werden, zu fokussieren und diese wertzuschätzen. Kader Konuk plädiert dafür, nicht gemeinsame Identität, sondern »die Abweichung von der Norm als Grundlage für ein Bündnis [zu] nehmen. […]. Das uralte Prinzip ›Teile und Herrsche‹ kann in seiner Kontinuität nur unterbrochen werden, wenn wir uns nicht spalten lassen, sondern unsere Unterschiede wahrnehmen und fruchtbar machen.« (1996: 233ff) Es ist gut, dass unterschiedliche Bedürfnisse bestehen. Wenn dies nicht der Fall wäre, ist das ein Kennzeichen einer homogenen und somit ausschließenden Gruppe. Bernice Johnson Reagon wies beispielsweise diesbezüglich Feminist*innen der zweiten Welle darauf hin, dass es zu Ausschlüssen kommt, wenn davon ausgegangen wird, dass »WIR Frauen« ähnliche Erfahrungen machen oder Bedürfnisse haben (vgl. Reagon 1981: 357ff).

Auch wenn es etwas Mut braucht aus der eigenen Komfortzone herauszutreten, erlebte ich den geschilderten Austausch über Positionierungen im Team als sehr verbindend. Diese Erfahrung beschreibt auch die Aktivistin bell hooks für mich treffend: »Herrschaftsstrukturen versuchen uns Angst zu machen und uns dazu zu bringen Sicherheit statt Risiko zu wählen und Gleichheit anstelle von Unterschieden. Diese Furcht zu überwinden, herauszufinden, was uns verbindet, und uns an unseren Unterschieden zu freuen, bringt uns näher zusammen und ermöglicht eine Welt der geteilten Werte und sinnvoller Community.«[27]

Die Wahrnehmung und Kommunikation von Verschiedenheit kann uns zu geteilten Werten führen. Ich wünsche allen Menschen, die diskriminierungskritisch handeln, den Mut, die eigenen Komfortzonen zu verlassen, Angst zu überwinden und Unterschiede in Identitäten und Bedürfnissen zu feiern.

27 „Dominator culture has tried to keep us all afraid, to make us choose safety instead of risk, sameness instead of diversity. Moving through that fear, finding out what connects us, revelling in our differences; this is the process that brings us closer, that gives us a world of shared values, of meaningful community." (hooks 2003: 197)

**FRAGEN ZUM WEITERDENKEN UND AUFSCHREIBEN:**

Inwiefern hält die Angst, dass du es nicht wert bist in Verbindung zu sein, dich davon ab, Verbindungen einzugehen? Wann hast du das letzte mal bewusst mit Menschen über unterschiedliche Werte und Bedürfnisse gesprochen, wann zuletzt über gemeinsame?

# Tag 6:

# Einfach mal abschalten

Diese Woche habe ich sehr viele Stunden mit meiner Erwerbsarbeit verbracht. Wir stellen eine*n neue*n Kolleg*in ein. Die letzten Tage haben wir sechs Bewerbungsgespräche geführt. Das war richtig anstrengend. Heute ist Freitag und ich habe frei. Das Buchmanuskript ist die letzten Tage viel zu kurz gekommen, dabei muss ich in fünf Tagen mit der Rohfassung fertig werden. Tag 1-5 sind abgeschlossen, aber Quellen fehlen und Einleitung und Schluss ebenfalls. Heute muss ich wirklich viel schaffen. Ich setzte mich an den PC und lese den letzten Abschnitt durch, den ich vor ein paar Tagen geschrieben habe, um anknüpfen zu können. Und schon nölt Jürgen los: »Was ist das denn? So unstrukturiert. Das versteht doch kein Mensch.« Ich höre

ihr eine Weile bei dem Gebrummel zu, halte nach anderen Gänsen Ausschau, versuche sie miteinander ins Gespräch zu bringen und mit ihnen gemeinsam einen Kompromiss zu finden. Aber nichts hilft. Wo sind meine Ohrenstöpsel? Jürgen wertet den Text in einem fort ab: »Jetzt schreibst du schon so lange und am Ende kommt sowas dabei raus! Und verinnerlicht hast du davon auch nichts, wenn die Selbstabwertung weiter geht!« Janosh schreitet irgendwann ein: »Es reicht! So macht das Schreiben wirklich überhaupt keinen Spaß.« Aabid wirft ein: »Hey, du machst das mit dem Buch doch in deiner Freizeit. Eigentlich schade, dass es dir keinen Spaß macht.« Aabid hat recht damit. Die Endphase eines Buches ist wohl manchmal stressig, und die meiste Zeit war das Schreiben auch Spaß für mich. Plötzlich verstehe ich. Willst du, Jürgen, mich dazu bringen mal eine Pause zu machen und nach dieser Arbeitswoche abzuschalten? Vielleicht hilft auch manchmal einfach nur Abstand und Ablenkung. Ich klappe meinen Laptop zu und ziehe meine Schuhe an. Muffin springt wegen des unverhofften Spaziergangs freudig auf. Wir steigen ins Auto und fahren eine Strecke, die mir in den letzten Monaten sehr vertraut geworden ist und kommen schließlich durch das Tor auf das Gelände meines Reitstalls. Sobald ich durch dieses Tor bin, ist mein Alltag vergessen. »Hallo, mein Hübscher!« begrüße ich Fjalar in seiner Box. Er dreht sich zu mir um, schnaubt

*laut aus, kommt auf mich zu und bleibt vor mir stehen. Mein Blick bleibt an seinen großen, runden, dunklen, tiefen Augen hängen. Unsere Blicke treffen sich. »Wie geht es dir heute?« Er stupst mich mit seiner weichen Nase an. »Du wartest auf deinen Begrüßungshappen, oder?« Ich strecke meine Hand mit einem Stück getrocknetem Brot darauf aus. Er nimmt es vorsichtig und kaut es genüsslich. Jedes mal, wenn ich dieses Pferd sehe, verliebe ich mich erneut in ihn. Ich putze ihn vorsichtig, denn er mag nicht gerne von Menschen berührt werden, sattle und trense ihn, steige auf und reite los; genau wie in meinen Träumen.*

*Ich bin als Kind schon zwei Jahre lang geritten. Aber damals hat mein Verein plötzlich alle Pferde verkauft, und ich habe mich danach nicht getraut mir einen neuen Verein zu suchen. Seitdem habe ich immer wieder geträumt, dass ich reite. Es waren meine schönsten Träume. 15 Jahre später habe ich es gewagt und wieder mit dem Reiten angefangen. Die Zeit bei den Pferden ist mir heilig. Mittlerweile ist sogar die Sonne raus gekommen. Fjalar schreitet am langen Zügel vor sich hin. Ich schmunzle. Manchmal kann es so einfach sein, euch in Einklang zu bringen ihr Gänse, auch ohne Worte. Sie fliegen im Energiesparmodus über mich hinweg und schnattern mir fröhlich zu.*

Auseinandersetzungen mit Diskriminierungen und Privilegien oder das Überleben als Person, die regelmäßig Diskriminierungserfahrungen macht, kann so anstrengend sein. Mir fehlt manchmal etwas Leichtigkeit. Dir auch? Ich wünsch dir von ganzem Herzen, dass du etwas findet, das dich so glücklich macht, wie mich das Reiten und der Umgang mit den Tieren. Ich wünsche dir Momente, in denen du abschalten und einfach mal eine Pause machen, Energietanken und Spaß haben kannst.

**FRAGEN ZUM WEITERDENKEN UND AUFSCHREIBEN:**

Was hast du als Kind gerne gemacht?
Wann hast du das als Letztes wiederholt?
Gibt es etwas, das du schon sehr lange mal wieder machen wolltest oder neu ausprobieren willst?
Hole doch deinen Kalender raus oder lege einen Tag fest, an dem du das machst.
Schenke dir die Zeit mit dir!

# Tag 7:

# Fokus setzen

*Gestern ist die Vorschau von »Scham umarmen« online veröffentlicht worden. »Ich werde unverschämt Werbung für dein tolles Buch machen«, schreibt mir Francis als Nachricht und teilt die Vorschau auf Facebook und Twitter. Ich selbst habe noch immer fast keinem Menschen von der Veröffentlichung erzählt. Ich schäme mich – wie in Tag 4 – heute noch dafür. Und das obwohl ich mich jetzt seit Monaten mit Scham beschäftige. Manche Dinge verändern sich nicht so schnell. Gleichzeitig muss ich mich auch immer noch daran erinnern, dass ich nicht darauf abziele, Scham loszuwerden oder zu verdammen, sondern dass es mir darum geht, einen wertschätzenden Umgang mit meiner Scham zu finden. Und so als Leitungsperson dem Flug der Gänse eine Form zu geben. Ich werde in den nächsten Tagen anfangen die Kapitel erneut zu lesen und zu überarbeiten. Darauf freue ich mich. Denn so kann ich mich auch nochmal Tag für Tag mit einzelnen Aspekten auseinandersetzen. Außerdem gibt es mir die Möglichkeit die entwickelten Strategien nochmal anzuwenden.*

Auch du hast das Buch nun fast zu Ende gelesen. Danke, dass du dir die Zeit genommen hast. Das bedeutet mir sehr viel, und ich hoffe du konntest einige Aspekte für dich als Anregung mitnehmen. Ich möchte dich am letzten Tag einladen, das Buch als Ganzes noch einmal zu betrachten. Vielleicht hast du manch ein Kapitel nur überfliegen können, weil dein eigenes Team im Kopf so laut geschnattert hat. Zu erwarten, ab sofort alle Strategien Scham zu umarmen gleichzeitig anzuwenden, ist mit Sicherheit nicht realistisch. Vielleicht magst du dir für heute und an anderen Tagen immer wieder neu einen Fokus setzen, auf welche Strategie du dich am jeweiligen Tag konzentrieren magst? Ich bin auf jeden Fall dabei.

**FRAGEN ZUM WEITERDENKEN UND AUFSCHREIBEN:**

Wenn du dir das Inhaltsverzeichnis anschaust, bei welchem Tag erinnerst du dich besonders gut an die Inhalte, bei welchem eher schlecht?
Wenn du dir dein begleitendes Schreibheft anschaust, zu welchem Kapitel hast du dir besonders viele Notizen gemacht? Zu welcher Strategie, Scham zu umarmen, hast du dir wenig aufgeschrieben?
Hast du wirklich überall die Reflexionsfragen ausgefüllt? Wenn nicht ist das ja nicht schlimm. Aber überleg noch mal, auf welche Strategie du dich heute fokussieren willst, welcher der sieben Tage heute ist – denn sie kommen alle immer mal wieder.

# Ein Dankes- und Abschiedsbrief

*Liebes Manuskript,*
*Medaillen haben, wie so vieles, zwei Seiten. Auch deine Veröffentlichung und die Tatsache, dass ich die letzten Worte von dir verfasse, löst ambivalente Gefühle in mir aus. Wir haben nun über zwei Jahre Zeit zusammen verbracht. Du warst mein*e Begleiter*in. Ich habe dich auf meinem Laptop fast überall mit hin getragen. Du hast meinen Gedanken Raum und ein Zuhause gegeben. Du bist mir zu einer Freund*in geworden. Einer Freund*in, mit der ich Situationen aus meinem Alltag teilen konnte und die mir sehr ehrlich Feedback zu meinen Gedanken, Gefühlen und Verhalten gegeben hat. Du hast mir mein inneres Gänseteam näher gebracht und mir somit Vertraute und Freund*innen in mir selbst*

*gezeigt. Diese werden mich, auch nachdem ich mich von dir verabschiedet habe, weiter durch meinen Alltag begleiten. Danke für dieses Geschenk! Du hast mir geholfen im Kontakt mit mir zu sein. Wenngleich du mir fehlen wirst, weiß ich, dass es Zeit dafür ist dich abzuschießen und gehen zu lassen, dein Abschluss ist keine vollendete Auseinandersetzung mit dem Thema für mich. Fragen sind nach wie vor offen. Du bist und bleibst eine Momentaufnahme meiner Gedanken. Mir fällt es schwer, das zu akzeptieren und dich loszulassen. Mir ist es wichtig dies trotzdem zu tun, um mich wieder vermehrt anderen Dinge zu widmen; Dinge, die mir fehlen. Du hast sehr viel Raum in meinem Leben eingenommen. Nach meiner Erwerbsarbeit habe ich mich häufig mit dir, statt mit anderen Freund*innen getroffen. Ich freue mich, wieder mehr Zeit mit anderen Menschen zu verbringen, die mir wichtig sind, statt mit dir. Gleichzeitig bin ich dir, Manuskript, sehr dankbar, für die Menschen, die durch dich mehr in mein Leben getreten sind. Ich freue mich außerdem darauf, neue Projekte anzufangen. Vielleicht schaffe ich es nun endlich regelmäßig Morgenseiten zu schreiben.*

*Es tut mir leid, dass ich mich nach wie vor für deine Veröffentlichung schäme. Ich würde dich gerne mit einem anderen Gefühl gehen lassen. Gleichzeitig liegt das wohl in dir begründet, dass es so sein muss. Daher bleibt mir nichts anderes, als mich von dir mit einem*

*lachenden und einem weinenden Auge zu verabschieden und mich bei dir für unsere gemeinsame Zeit zu bedanken.*
*In Liebe, Sannik Ben Dehler*

Welche Strategien habe ich, um damit umzugehen, dass ich mich für die Veröffentlichung schäme? Ich gehe meine Strategien durch, um mit dieser Scham auf eine Art und Weise umzugehen, welche mir den Abschluss mit einem guten Gefühl ermöglicht. Dann sollte das Buch ja in spätestens sechs Tagen fertig sein. Zwei Strategien wandte ich mit den letzten Sätzen bereits an, nämlich Scham und Bedürfnisse mit Hilfe von empathischer Kommunikation benennen (siehe Tag 5) und einen Fokus setzten (Tag 7). Wie schaut es mit den anderen Strategien aus? Welche Angst steckt hinter der Scham für die Veröffentlichung (siehe Tag 1)? Oh weh, wie werden das andere Menschen finden? Vielleicht interessiert sich gar keine Person für das Buch? Oder Menschen finden Dinge, die ich geschrieben habe, lächerlich. Hättest du nicht noch mehr auf Strukturen und deren Veränderungen eingehen sollen? Hast du Angst davor, dass du nach dem Buch mehr allein bist, als davor, obwohl es doch dein Ziel ist Bündnisse zu realisieren? Befürchtest du, nicht mehr nahtlos zu deinen Freund*innen zurückkommen zu können?: »Sorry fürs Untertauchen. Jetzt bin ich wieder da.« Auch Selbstabwertungen

von Jürgen kann ich hören: »Andere Menschen hätten es bestimmt viel mehr verdient ein Buch zu veröffentlichen«, stichelt sie und wertet auch das Buch ab: »So wie es momentan ist, kann es unmöglich in den Druck. Es müssen noch mehr Leute Korrektur lesen.« Ich lese das Kapitel »Innerer Dialog als Strategie Selbstabwertung zu stoppen« erneut durch. Die Worte von Aabid bleiben in meinem Kopf: »Es ist nicht so schlimm manches nicht 100%ig perfekt durchzuziehen, finde ich. Es ist völlig okay jedes mal aufs Neue etwas aus ›Fehlern‹ dazuzulernen. Dinge zu tun, die sich im Nachhinein als ungünstig erweisen, kann zum Umlernen führen.« Diese Worte entlasten mich. Ich atme tief ein und wieder aus. Gleichzeitig erinnere ich mich daran, meine Ansprüche zu hinterfragen (siehe Tag 3). Wozu nutzt mein Anspruch Dinge perfekt machen zu wollen? Inwiefern versuche ich verinnerlichte Trans*diskriminierung und_oder Klassismus durch Perfektionismus zu kompensieren? Ich atme ein und ich atme aus und entschleunige die Situation. Ich habe verinnerlicht, dass mein ständiges Selbstoptimieren mich davor schützt, als Nicht-Normalpositioniert aufzufliegen. Es schützt mich davor, verwundbar zu sein. In dem Buch hinterfrage ich öffentlich bestimmte gesellschaftliche Ansprüche und mache mich so angreifbar. Mich verletzbar zu machen, fällt mir nach wie vor schwer. Die Angst, mich durch die Veröffentlichung zu zeigen und verletzlich zu machen beschreibe ich in Tag 4.

Als Strategie benenne ich dort, sich mit Menschen zu umgeben, die ähnliche Werte teilen wie ich – und genau das kam in letzter Zeit zu kurz. Gleichzeitig waren mir viele Menschen beim Schreiben gedanklich sehr nahe. Als ich eure Anmerkungen zum Buch – Francis, Lian und Marie – durchlas und einarbeitete, fühlte ich, wie sehr es mir fehlt, mich mit euch auszutauschen. Ich brauche euch und andere Menschen als mein Netz, in das ich mich fallen lassen kann. Es ist mir wichtig, mit euch Zeit zu verbringen und ich freue mich darauf, die Veröffentlichung des Buches mit euch zu feiern. An dieser Stelle möchte ich mich bei Menschen bedanken, ohne die ich das Buch niemals hätte schreiben können und die mich emotional und inhaltlich unterstützt haben: Danke dir Lann: für die Anfrage, das Nachhaken und die Ermutigung, dieses Buch zu schreiben. Außerdem für die langjährige, kontinuierliche inhaltliche Begleitung, dein Feedback, deine Wertschätzung, dein mir Zeit geben. Die Zusammenarbeit mit dir wird mir fehlen. Danke Lian: für dein ausführliches Feedback, die Gespräche mit dir und dafür, dass du Teil meines Netzes bist. Ich danke auch dir, Marie: wir ergänzen uns so gut und werden nun schon so viele Jahre belohnt für unser harmonisches Miteinander, Füreinander und äh, ja. Herzlichen Dank, dass du mir auch beim Schreiben des Buches unterstützend zur Seite gestanden und mir konstruktive Rückmeldungen gegeben hast. Dir, Francis, bin ich ebenfalls sehr dankbar: du glaubst an mich und siehst den Menschen in mir, der ich gerne sein möchte. Du hast mich ermutigt weiterzuschreiben, hast mit mir meine Ansprüche hinterfragt und stabilisierst mein Netz zusammen mit Muffin. Danke Mama: für das Aufmerksam-Machen auf unverständliche Aspekte. Ich danke auch Eliah und Henni für eure Bereitschaft Probe zu lesen und für eure Anmerkungen. Außerdem bedanke ich mich bei Pepetual Mforbe Chiangong, die meine Abschlussarbeit mitbetreut und mich sehr motiviert hat, diese als Buch zu veröffentlichen. Und ich danke den Menschen aus dem Begleitkolloquium zur Abschlussarbeit – die Diskussionen und Lernatmosphäre haben mich sehr inspiriert. Danke Zanko: unser Cover und die grafische Gestaltung des Buches gefällt mir sehr gut. Mein Dank gilt auch allen Menschen des Jugendnetzwerks Lambda Berlin-Brandenburg e.V. und aus meinen Politgruppen: ihr bietet mir tagtäglich neue Inhalte zum Auseinandersetzen und fordert praktische Umsetzungen ein.

Dann fehlt ja nun nur noch die eine Strategie, und zwar »einfach mal abschalten«. Das kann ich jetzt mit gutem Gewissen in den nächsten Tagen machen, da der Schluss ja nun, wie durch Zauberhand, geschrieben steht. Also dann, tschüss Manuskript! Du wirst nun nochmal auf Rechtschreibfehler Korrektur gelesen, kommst dann zur grafischen Gestaltung und wanderst zuletzt in die Druckerei. Ich freue mich darauf, dich als mein Buch wieder zu treffen, außerdem darauf, unsere Leser*innen kennenzulernen und auf den Austausch mit ihnen. Du auch?

# Gespräche und Texte, auf die ich mich beziehe

Gespräche und Diskussionen mit Dome, Ed, Francis, Lann, Lian, Marie, Melody Makeda und Menschen aus dem Abschlusskolloquium zu meiner Abschlussarbeit.

Abou, Tanja. Klassismus. Oder: Was meine ich eigentlich, wenn ich von Klassismus spreche? Eine Annäherung. Online unter: https://www.vielfalt-mediathek.de/media/expertise_klassismus_abou_vielfalt_mediathek.pdf (aufgerufen am 18.03.2019)

Adrian 2018. Liebe Gesellschaft. In: Jugendnetzwerk Lambda Berlin-Brandenburg e.V. (Hg.) Zwergenaufstand beginnen – Riesenansprüche platt machen. Gesellschaftlicher Druck und wie du mit ihm umgehen kannst. Berlin. (S. 40-41)

Ahmed, Sarah 2010. The Promise of Happiness. Durham.

Bonefeld, Meike 2017. Migrationsbedingte Disparitäten in der Notenvergabe nach dem Übergang auf das Gymnasium. Online unter: https://econtent.hogrefe.com/doi/abs/10.1026/0049-8637/a000163 (aufgerufen am 18.03.2019)

Brown, Brené 2007. I thought it was just me (but it isn't). Making the journey from ›What will people think?‹ to ›I am enough‹. New York.

Butler, Judith 2001. Psyche der Macht. Das Subjekt der Unterwerfung. Frankfurt a.M.

Can, Halil 2013. Empowerment aus der People of Color-Perspektive. Reflexionen und Empfehlungen zur Durchführung von Empowerment-Workshops gegen Rassismus. Online unter: https://bgz-berlin.de/files/empowerment_webbroschuere_barrierefrei.pdf (aufgerufen am 29.03.2019)

Diehl, Claudia; Flick, Patrick 2016. Ethnische Diskriminierung im deutschen Bildungssystem. In: Diehl, Claudia et al. (Hrsg.) Ethnische Ungleichheiten im Bildungsverlauf: Mechanismen, Befunde, Debatten. Wiesbaden. (S. 243-286)

Eggers, Maisha; Kilomba, Grada; Piesche, Peggy; Arndt, Susan 2009. Mythen, Masken und Subjekte. Kritische Weißseinsforschung in Deutschland. Münster.

Ende, Michael 2005. Momo. Oder die seltsame Geschichte von den Zeit-Dieben und von dem Kind, das den Menschen die gestohlene Zeit zurückbrachte. Stuttgart.

Fanon, Frantz 2007. A Dying Colonialism. New York.

Freire, Paulo 2007. Pedagogy of the Oppressed. New York.

Gadsby, Hannah 2018. Nanette. Australien. (Film)

Górska, Magdalena 2016. Breathing Matters. Feminist Intersectional Politics of Vulnerability. Linköping.

Gümüşay, Kübra 2015. Raum für Schwäche. Missy Magazine 01/15. Online unter http://ein-fremdwoerterbuch.com/2015/04/raum-fuer-schwaeche-missy-magazine-0115/ (aufgerufen am 11.03.2019)

Gümüşay, Kübra 2016. 10 Punkte, einmal, für alle. Online unter: http://ein-fremdwoerterbuch.com/2016/07/10-punkte-einmal-fuer-alle/ (aufgerufen am 06.02.2019)

Gümüşay, Kübra 2017. TEDX Berlin: Organised Love. Online unter: http://ein-fremdwoerterbuch.com/2017/01/tedx-berlin-organised-love/ (aufgerufen am 12.03.2019)

hooks, bell 2003. Teaching Community: A Pedagogy of Hope. New York/London.

Hornscheidt, Lann 2012. feministische w_orte. ein lern-, denk- und handlungsbuch zu sprache und diskriminierung, gender studies und feministischer linguistik. Frankfurt a.M.

Keim, Jay 2013a. Mir selbst zuhören. Online unter (http://virtualretreatcenter.blogspot.com/2013/01/mir-selbst-zuhoren.html aufgerufen am 30.03.2019)

Keim, Jay 2013b. Krisen-Gegenmittel. Online unter http://virtualretreatcenter.blogspot.com/2013/05/?m=0 (aufgerufen am 01.04.2019)

Keim, Jay 2013c. Mich aufrichten, mich ausrichten. Online unter http://virtualretreatcenter.blogspot.com/2013/11/mich-aufrichten-mich-ausrichten.html?m=0 (aufgerufen am 06.02.2019)

Kilomba, Grada 2010. Plantation Memories. Münster.

Konuk, Kader 1996. Unterschiede verbünden. Von der Instrumentalisierung von Differenzen. In: Fuchs, Brigitte (Hg.) Rassismen & Feminismen. Differenzen, Machtverhältnisse und Solidarität zwischen Frauen. Wien. (S. 233-239)

Lorde, Audre 1983. The Master's Tools Will Never Dismantle The Master's House. In: Moraga, Cherríe; Anzaldúa, Gloria: This Bridge Called My Back. Writings by Radical Women of Color. New York. (S. 98-101)

Lorde, Audre 2007. Sister Outsider. Essays and Speeches. Berkeley/Toronto.

Marks, Stephan 2007. Scham. Die tabuisierte Emotion. Mannheim.

Ng, Celeste 2016. Was ich euch nicht erzählte. München.

Ogette, Tupoka 2017. Exit Racism. Rassismuskritisch denken und lernen. Münster.

Reagon, Bernice Johnson 1981. Coalition Politics: Turning the Century. In: Smith, Barbara: Home Girls. A Black Feminist Anthology. New York.

Rosenberg, Marshall B. 2010. Gewaltfreie Kommunikation. Eine Sprache des Lebens. Paderborn.

Schulz von Thun, Friedemann 1998. Miteinander reden 3: Das innere Team und situationsgerechte Kommunikation. Reinbek bei Hamburg.

Sow, Noah 2007. Deutschland Schwarz Weiß. Der alltägliche Rassismus. München.

Van den Broek, Lida 1993. Am Ende der Weißheit. Vorurteile überwinden. Berlin.

Watzlawick, Paul 2007. Anleitung zum Unglücklichsein. München.

Young, Stella 2014. Stella Young's letter to Herself at 80 Years Old. Online unter: https://www.smh.com.au/entertainment/celebrity/stella-youngs-letter-to-herself-at-80-years-old-20141113-11llol.html (aufgerufen am 18.03.2019)

---

## w_orten & meer – Verlag für verbindendes diskriminierungskritisches Handeln

w_orten & meer ist ein non-profit Verlag ~ Bücher und Publikationen sind für uns eine wertschätzende Gestaltung von Welt. Wir verlegen Bücher, die zu intersektionaler Gewalt empowernde Perspektiven eröffnen und neue Ausdrucksweisen anbieten.
Der Verlag arbeitet sozial und ökologisch nachhaltig: bei der Herstellung und dem Transport der Bücher, beim Einrichten und Unterhalten des Büros und auf der Ebene der Bezahlung von Menschen, die an den verschiedenen Produktionsschritten für ein Buch beteiligt sind. Menschen, die mit den Texten und Manuskripten arbeiten, sind möglichst ähnlich positioniert in Bezug auf Diskriminierungen, wie die Person, die den Text geschrieben hat.
Weitere Informationen zu unserer Arbeitsweise sowie unser Gesamtprogramm finden sich auf unserer Webseite:

**www.wortenundmeer.net**